河出文庫

東京の空の下オムレツのにおいは流れる

石井好子

河出書房新社

目次

東京の空の下オムレツのにおいは流れる

ロールキャベツは世界の愛唱歌

ロールキャベツとはいったいどこの国の料理なのだろうか。アメリカでも食べた。モスクワでも、大型で大味なロールキャベツがでた。ドイツでは、ケスラーシスターズという姉妹が、ロールキャベツをご馳走してくれた。

イベット・ジローは、「ロールキャベツは私のお得意よ」といった。スウェーデンの夫人が、テレビの料理番組でロールキャベツのグラタンを作ってみせた。子どものとき、母も作ってくれた。

みな同じような形ではあるが、サイズも姿もちょっと違っていて、作り方も材料も、やはり少しずつ違っている。だからロールキャベツといっても、心に舌に思いおこす味は、各自少しずつ違っているのであろう。子供の頃たべたロールキャベツ、特別好きな料理でもなかった。けれども嫌いでもなかった。食卓に出てくれれば喜んで食べたが、とりたててご馳走をたべたという気にもならなかった。だいたい、ロールキャベツとはそんなものだ、と思っていた。

ところがテレビで見たスウェーデン風を作ってみたら、そうではなかった。見たところもご馳走にみえるし、とてもおいしくて、感激的なのだ。

「コールドエル」という名のスウェーデン式ロールキャベツは、中身の具もちょっと変っている。ひき肉と同量のご飯を入れるのだ。そして、スープで柔らかく煮たあと、それをたべるのではなく、さらにグラタンにした。

上にかけたチーズの粉がこんがりと狐色にやけて、チーズのこげる匂いと、ホワイトソースの甘い香りが、部屋じゅうにただよう。ぐつぐつぐつ、まだ皿の中で煮たっているグラタンを、食卓に持ってゆく。そして、大きなおさじで一人一人のお皿にとりわける。とろっとしたホワイトソースに包まれて、ロールキャベツは、ほかほか湯気をたてている。ここまで手をかけると、ロールキャベツも、立派な一品になるのだった。

この頃私は、具の中にご飯を入れるのをやめた。何故なら、私たちは別にご飯をたべるので、重なってしまうからである。昼食がわりにいただくとき、子どもさんたちのためなら、ご飯入りもまた面白くボリュウムゆたかでよろこばれると思うが、ご飯が入らないほうがシックである。

ホワイトソースを、私はだいたい目分量で作ってしまうが、ロールキャベツ6コから8コぐらいをグラタンにする場合、材料は、粉をカップ半杯、バタ同量弱、牛乳カップ

2杯、ロールキャベツを煮た残りのスープ、カップ1杯ぐらいである。このロールキャベツの場合は、煮汁がとてもおいしくなっているので、入れると味がこくなる。好きな方は、ナツメグの粉を少々ふり入れる。もし白ブドー酒があって、これも少し入れるなら、味はますますまろやかになる。

グラタン皿に、まず、おたま2杯分のソースを敷く。キャベツ巻きは、楊枝でとめるか、糸をかけてあるので、それをはずしてソースの上に並べる。その上からキャベツがかぶるくらいにトロッとソースをかぶせる。チーズの粉をかけ、天火で表面をこんがりと焼く。

めんどくさがらずに作ってほしい。本当に本当においしいのだから。

＊

ケスラーシスターズのロールキャベツも、形はあんまりよくなかったけれど、とてもおいしかった。ミュンヘンの郊外にある彼女達の小さい家は、いかにも、女世帯らしいチャーミングな家だった。

訪れたのは若葉の美しい初夏の頃だったが、二人は台所で、ロールキャベツと悪戦苦闘していた。ロールキャベツというものは、まずはじめにキャベツは、葉がしんなりするだけゆでればよい。決してゆですぎてはいけないのだが、この二人はくたくたになるまでゆでてしまったから、具を包もうとするとキャベツがちぎれる。仕方なく、キャベツをつぎ足し、つぎ足し、やっとの思いで十字に糸をくくりつけた。これをたべさせられるのか、とがっかりしたけれど、料理法がよかった。

巻いたキャベツをいためるという方法をはじめて知ったが、こうすると出来上りにこくが出て、実においしいのだ。キャベツが多いのも決して悪くなかった。ぺろっとした一枚のキャベツの中に、ぎっちり具がつまっているのは、つまらない。キャベツだらけで、具があるか無しというのも味けない。キャベツと具がちょうどよいバランスだとおいしい。

6人前として、キャベツの葉は約12枚。中身は豚、仔牛、牛肉のひき肉が同分量で全部で4百グラム、玉ねぎ小1個、パン粉少々、玉子1個。味つけは、塩コショーとパプリカの粉。具の作り方は私達がする方法と同じである。ハンバーグの作り方と同じ。ボールにひき肉を入れる。玉ねぎはみじん切りをいためてボールに入れ、他の材料も全部入れる。そして手でこねてよくまぜる。

キャベツは、まな板の上にひろげて、葉脈のかたいところはそぎ切りにして平たくする。それから具を包むけれど、私達は、たいてい俵型で楊枝でとめる。ただ、葉のほうから包む人と、芯のほうから包む人と、二派あるようだ。

イベット・ジローの作ったフランス式も、やはり油とバタでこんがりと両面が狐色になるまで焼いた。これが、ドイツ式フランス式のロールキャベツを作るこつであり秘訣である。

ドイツ側は、そのあと、ひたひたのスープ（固型スープでよい）で煮て、出来上りはロールキャベツを皿にとり出し、なべのスープの中に少量のコンスターチ（片栗粉）を入れてとろみをつけ、それを上からかけた、なかなかしゃれた一品だった。そのときは、ケスラーシスターズの来日公演の打ち合せに行ったのだった。

私は二十年近く音楽事務所を開いていて、若い歌手たちのマネージメントをしていたが、海外からアーティストを招く、いわゆる「呼び屋」業もしていた。

ケスラーシスターズは、背が高くてスマートだった。歌よりもむしろ踊りがうまかった。

母親と三人暮しだったが、ひろい居間には、イタリー製のランプ、フランスの家具、トルコの小机、タイの壁かけ、それに日本の花びんなど、世界各国のものが不思議な調和をみせておさまっていた。

「娘達はいつもいつも旅行でしょう。淋しいから、帰りを待つ間、ジャムを作ったりピクルスをつけたり、野菜のビン詰を作ったりしています」と、ママは料理上手のようだった。

丸テーブルの食卓につくと、一人は台所一人はテーブルにつき、台所とのしきりに小さい窓があって、そこからつぎつぎとお料理がさし出された。

家はドイツ的とでもいうのか、無駄のない、よい造りだった。台所も真四角で働きよさそうだった。小さい冷蔵庫が、床においてあるのではなく、手のとどきやすい使いやすい高さにあるのが印象的であった。

はじめにトマトだけのサラダがでて、そのあとにロールキャベツ、そして最後に、鹿の背肉のローストがでた。ドイツ人は鹿の肉をよくたべる。ドライブをしていると、道路ぎわに大きな看板がでていて、鹿が走っている絵が描いてあるのをよくみかける。これが、レストランの広告なのだ。

鹿の肉は、脂が少なくてくさみも少ない。さっぱりした肉だから、ケスラーシスターズの家ででた鹿のローストも、香料をうんとつけて、香りよく焼いてあった。

ママは食べなかった。

「鹿はやさしい動物でしょう。やさしい目をしていますわ」

ケスラーシスターズは、「これだからいやになっちゃう」と私にウィンクしてみせたけれど、私はちょっとしんみりしてしまった。

*

イベット・ジローといえば、来日回数も十数回、シャンソンを日本語でうたった第一号で当時、歌のおばさんのようにいわれたが、〈詩人の魂〉を歌ってディスク大賞をうけた、本格派のシャンソン歌手である。フランス人はくいしん坊で、女の人はみな料理上手だが、彼女もその例にもれない。

地中海の沿岸、ニースとカンヌの中間にあるカーニュというところに住んでいる。碧い空碧い海を前に、四季を問わず咲く花にかこまれて暮している彼女が、うらやましい。「お魚がおいしいのよ、エビも毎日たべられるわ。野菜も果物も安くて住みよいところよ」という。

訪ねた日、彼女は〈アイオリ〉を作っていた。これは、ニンニク入りマヨネーズといったらいいだろうか、ニンニクを、おろしたリンゴぐらいにつぶして、玉子の黄味を入れ、オリーブ油をまぜあわせて、塩とコショーで味をつけ、マヨネーズのようにねったものだ。白身の魚、エビ、貝、それにじゃがいも、カリフラワー、玉子のゆでたのが、大皿にたっぷりと盛ってだされ、これにアイオリをつけていただく地中海料理である。

ご主人のマルク・エランはピアニストで、彼女とともに十数回日本に来ているのに、ぜんぜん日本食をたべることが出来ない。偏食で、〈ゲシュニッツェル〉という、うす切り肉のドイツ料理ばかりたべる人物である。

その日もお魚はいやらしく、「イベットのロールキャベツはおいしいからと、作るように勧めたのですが、彼女は、好子は日本人だ、日本人は魚が好きだ、ってがんばってアイオリになってしまったのですよ」と、いささかげんなりしたふうにいった。

彼女のロールキャベツは、ケスラーのロールキャベツに似ている。キャベツ巻きをバタで狐色になるまでいためてから、その上に、ホールトマトか、熟したトマトの皮をむいたものを3コ分きざんでのせ、白ブドー酒カップ1杯入れて、とろ火で一時間ほどゆっくり煮るのである。

中の具は、牛のひき肉、仔牛のひき肉のほかに、ハムのみじん切りを入れた。味つけは、塩コショー、そしてタイムの粉、このタイムの香りがフランスの雰囲気をただよわせた。

＊

子供の頃たべたロールキャベツは、たいてい、あいびきの肉と、いためた玉ねぎが入っていた。スープで煮たり、あるときはトマトペーストかケチャップを入れて赤くしてあった。

私の祖母は料理上手で、たまには洋風のものにもいどんだ。おばあちゃんのロールキャベツは、だしの中に、おしょうゆ、かくし味ていどのお砂糖を入れて煮てあった。具はトリのひき肉で、玉ねぎの代りに、ねぎのみじん切りと、しょうがのしぼり汁が入っていた。

おばあちゃんは歯がわるかったから、具の中にパン粉を多めに入れた。こうすると具はやわらかく煮えるのである。かたいのが好きな人のためには、パン粉は入れないほうがよい。

具ひとつにも、家族の好みを考えてほしい。子どもにはあいびきの肉、中年以上は牛肉、老人にはトリ肉がよいだろう。野菜も玉ねぎだけときめず、セロリ、ねぎ、生しいたけ、マッシュルームなど入れると、すてきな味になる。

ロールキャベツ

それは、栄養のバランスがとれていて安くて、皆が好きな国際的おそうざいである。まるで世の中のひとびとに歌われる〈世界の愛唱歌〉みたいなものだ。

父とアラン・ドロンとスープ

「好子はおいしそうにたべるね」

食事をしていたら、父が感心したようにそう言った。しばらくしてからも、また同じことをおかしそうに笑いながら言った。そんなにおいしそうにたべているのかと気になった。

くいしん坊を自認している弟は「われわれは小まめにはしを動かして、きれいに米つぶ一つ残さずにたべるから、おいしそうに見えるんだよ」といった。それ以来、ちょっと意識して、なにかたべているとき自分を観察してみると、たしかにおはしもナイフ、フォークも、よく動かしているような気がした。手ぎわよく手つきよくたべるということも、おいしそうにみえる一つの理由かもしれない。

むかしむかしに見た映画で、題名も主役の男女の名も忘れてしまい、ストーリーさえおぼえていないのに、いまでも目に浮かぶシーンがある。たしかスパイ映画だったようだ。一人住いの男性のアパートに、美しい女が追われてとびこんでくる。恐怖と飢えにふるえている女に、男はフライパンで魚を焼いて出した。なんの魚かその頃は知らなかったが、いまにして思えばソールムニエル、舌平目のバタ焼きであった。

その映画はイギリス映画だったから、ドーバーソール（ドーバー海峡でとれる上等な舌平目）であったに違いない。がつがつしたふうではなかったが、手早く手際よくナイフとフォークを使って食べる女、きれいに骨だけ残ったお皿をいたましげに眺める男。そんなシーンを、三十年もたったいまでさえおぼえているのは、その女性のナイフ、フォークさばきのあまり見事なのに心底感心したせいだと思われる。

魚をたべるシーンといえば、もうひとつ思い出されるのは、フランス映画〈太陽がいっぱい〉の一コマである。

金持の青年と、アラン・ドロン扮するところの貧しい青年が、ヨットに乗って小さい旅に出ている。昼食は魚のムニエルだ。ドロンは、ナイフ、フォークをぎこちなく使ってたべ始める。金持の青年がそれを小バカにしたような顔で眺めながら、「魚なんて手で食べるものさ」と、背びれとしっぽを指先ではずして、魚を口のほうにもっていって、うまい具合にたべた。海の上で、ヨットの中で、ナイフ、フォークはヤボだという、遊びが身についている金持の青年。海の上でもヨットの中でも、田舎っぺと思われないように、無理してナイフ、フォークを使うドロン。二人の育ちの違いがはっきり浮きぼりにされる一コマであった。あの映画は印象が強くて、今でもストーリーをおぼえているが、ドロンが金持の青年に殺意をいだいたのは、その瞬間であったように思う。

*

父は若い頃、大食漢だった。宴会のはしごもたびたびで「今夜は和食と中華のフルコース全部たべた」と、満足気に出っぱったお腹をさすったりしていた。身長一七五センチで八十五キロあったから身長から一一〇をひいた健康体重からみると、二十キロオーバーだった。

「このままでは心臓に負担がかかって死んでしまいますよ」とお医者さまにおどかされて減食を始めた。忍耐強い人だから、少しずつ、少しずつ減らして、十五年たった今では六十キロも切れる美容体重となった。

はじめのうちは、たべたいのを「一口残す」とがまんして、禁酒をしての涙ぐましい努力であったが、最近は「もう少したべたほうがよいのではないか」と、はたが心配するほど食が細くなった。自分がたべるのに忙しくなくなったので、人を見まわす余裕が出てきたのだろう。「お前みたいにおいしそうに食べると、こっちもつられて食べてしまう」という。

父は春先き風邪をひいた。今年の風邪はとてもいやな風邪だったような気がする。私自身三回もぶり返したから、約一カ月気分がすぐれなかったが、友人たちにも同じことをいっている人が多かった。父もその例にもれず、ぐずぐずしていた。たべものに味がないという。水さえまずいといってしょげている。それなのに「スープだけは、いつもおいしく感じる」というから、毎日毎日スープを作った。

スープといっても、上から下まで実に千差万別のスープがあるものだ。数十時間、二日がかりで肉汁をとる本格的コンソメもスープなら、三十秒でとける固型スープもスープだ。

このところ私が作っているのは、誰でも出来る、家庭的、健康的、野菜のポタージュである。私は裏ごしが嫌いだ。めんどくさくてしんきくさくて、裏ごしをしていると、世の中にはもっとほかにするべきことがたくさんあるじゃないか、としみじみ考えたりするのだ。だから、みんなミキサーにかけてしまう。「石井さんって料理熱心ときいていたのに、なーんだ」といわれるかも知れないが、本当のことだから仕方がない。

野菜スープは、毎日ちがったのを作った。にんじんの日、ほうれん草の日、ポテトの日、かぼちゃ、グリンピース、カリフラワー、コーン、トマト。それぞれちょっと違った味のポタージュである。

私の作り方は簡単だから、毎日作っても、ちっともおっくうではなかった。相当な手のぬき方だけど、けっこうおいしいので、作り方を書くことにしよう。

にんじん、グリンピース、カリフラワー、ポテト、コーン、トマトのスープの作り方はみな同じで、まず玉ねぎ半コをみじん切りにし、セロリがあればそれも少々小口切りにする。

にんじんなら小口切りにして、グリンピースのスープのときは皮をむいたものを、カリフラワーはふさを切りわける。コーンは、はじめスイートコーンのカン詰を使ったらめちゃくちゃに甘いのに閉口して、冷凍で作ってうまく出来た。トマトは冬場は熟れて赤いのがないから、ホールトマトのカン詰をざくざく切って使った。

さて、厚いおなべにバタをとかし、にんじんスープなら、にんじんとみじん切りの玉ねぎ、カリフラワーのスープなら、カリフラワーとみじん切りの玉ねぎを中火でよくいためる。そして、塩コショーで味をつけて、水をひたひたまで入れる。

そのなかにチキンの固型スープ1、2コ、お米茶サジ1杯入れて、コトコトコトコト三、四十分煮る。トマトは少しすっぱくなるので、お砂糖をほんの一つまみほど入れると、よい味になる。ポテトのときは、ポテトからとろみが出るので、お米は入れない。

野菜がとろっと柔らかく煮えたら出来上りである。ヨーロッパの人たちは、このまま、ポタージュと称していただく。にんじん、じゃがいも、玉ねぎ、マッシュルームなど三、四種類の野菜をいっしょに入れていただくこともあった。

しかし、私のポタージュは、飲みよく作りたかったから、煮上ったらさましたあと、ミキサーにかけた。一度、いそいで熱いうちにかけたら「だっだっだっ」とすごい音とともに吹きこぼれたには恐れ入った。

＊

ほうれん草のスープは、ゆでたほうれん草の葉を、ほんの少々ポテトスープに入れてミキサーにかけると、グリーンの美しいポタージュが出来る。

かぼちゃのスープは、皮と種をとりのぞいたらざくざくに切って、それをひたひたの分量の牛乳で煮てミキサーにかける。玉ねぎもなにも入れない。味つけは塩だけ。これは義妹がマキシムのコックさんに教わってきた、実に簡単で、しかもおいしいスープである。

にんじんは2、3本、カリフラワーは1コ、じゃがいもは3コくらいで四人前くらい出来る。これはひたひたのスープで煮るから、ミキサーにかけるとどろっと重たい。味をこいめに作っておいて、いただくとき、牛乳でのばしてあたためる。このやり方だとコレステロールも少なく、老人、幼児、病人にも安心してたべてもらえる。

わたし式の簡単な野菜ポタージュでも、出来上りにバタ、または生クリーム、サワクリームを少々おとせば立派なポタージュで、お客さまにだって出せる。

食パンでクルトンを作る。ケチな私は、パンの耳で作る。小さい角に切ってバタで揚げたり、または天火でこんがり焼いてスープの上にちらす。グリンピースのポタージュには、クルトンよりもベーコンをカリカリに焼いてほぐしてちらすと香りがよい。フランスの家庭の夕食は、このようなスープとサラダとパンで終るシンプルなものだ。ポタージュは家庭でのたべもの、おそうざい、と思われているのか、レストランのメニューにはコンソメはのっていてもポタージュはない場合が多い。日本のレストランでは、スープは何種類か用意されているから、パリに来てポタージュがないとがっかりする方もいた。

＊

コンソメスープほどコックの腕のわかるものはない。「オムレツがうまく焼ければ一人前だそうですね」ということをよく聞くが、私はそうは思わない。オムレツだって少々の技術はいるが、それ以上に技術のいる料理はたくさんあるし、コンソメスープこそ、コックの腕のみせどころではないかと、思っている。

パリにいた頃、コルドンブルーという料理学校に通ったことがあった。ちょうど〈巴里の空の下オムレツのにおいは流れる〉という随筆を暮しの手帖に書きはじめた頃で、あまりインチキなことを書いては申しわけないから、三カ月ほど料理学校に入学した。

この学校でお免状をもらうと、そのお墨付きは、世界中のホテル、レストランに通じるという権威のある学校だった。

私は三カ月ぐらいしかいなかったから、もちろん試験も受けられなかったし、料理人志望の人々にまじって、おみそ的存在でしかなかった。玉子のまぜ方を間違えたり、パイ菓子のこね方も下手だから、いつも先生であり料理長であるシェフから「あーあーやれやれ、またこんなことして。隅に行ってギターでもひいて歌でもうたっていてほしいものだ」などと、毒づかれていた。それでも、いろいろなことを教わった。

本格的コンソメスープの作り方もならった。これはスープだけではなく、ゼリー寄せにも使うから、フランス料理をする人は知っておかなくてはならない料理法の一つである。

シェフが大型の冷ぞう庫から、大切そうにブイヨンのかたまりを持ち出してきた。茶色のゼリーがブルンブルンとゆれた。いかにもおいしそうな肉汁のかたまり、それをもとにしてスープを作った。

「これはどうして作るんですか」とアメリカ人の学生が聞いた。「牛の骨と、スープ用のかたいスネやスジ肉を、一日かけて煮て作ったのさ」シェフはちょっと得意そうにいった。その中ににんじん、玉ねぎ、セロリ、ねぎのざく切りを入れ、水を足して煮た。

そして、固型スープを4コ、むっとした顔で放りこんだ。「昔はこんなことはしなかった。今流ってわけだ、味のひきのばしさ」彼は、実に無念そうだった。

生徒たちのたべる分量を全部高級ブイヨンで作るには、手間もお金もかかりすぎるからである。コトコトコトコト野菜が柔らかくなるまで煮てから、塩コショーで味をととのえる。このあとはもう味つけはしないからである。そして冷ます。

玉子の白味をほぐして、泡立て器でちょっとまぜる。その中に赤身の牛ひき肉を入れてまぜ、そのどろどろをスープの中に入れる。火にかけたら、なべの底をしゃもじでそっとかきまぜる。初めは強火でも、煮たちそうになったらうんと弱火にして、白味にまじってくず野菜やひき肉がかたまって上に浮いてくるのを待つ。浮き始めたらかきまわすのをやめる。

コンソメを澄ますのはむずかしいというけれど、私ができるのだから大したことはない。火加減に気をつけ、泡が浮いてきたらかきまわすのをやめてじっと待つ。それがコツで、そうすれば成功まちがいなしである。

泡がだんだんふえて、きたないアブクの層になってくる。プクップクッと泡立つそのすき間からのぞいたスープが、澄んでいたら火をとめる。私はシノワ（金物のこし器）の上にふきんをかけて、そっと流しこんでこすが、シノワのない方は、裏ごし器、またはザルの上にふきんをかけてそっと流しこめば、きれいに出来るはずである。

きれいに澄んだコンソメスープを眺めたとき、われながらよく出来たのにびっくりして、そして感激するものだ。これはビーフのコンソメだけれど、私は安い鳥ガラを買ってきて、残り野菜をきざんで入れてよく煮こみ、ガラをとりだして固型スープで味をつけ、白味だけ入れて、きれいに澄ませていただくこともある。味は牛よりおちるが、さっぱりした味で、きれいに澄んでるからご馳走にみえる。

お客さまに出すときは、小さいカップに入れてもよい。つめたくひやしてガラス器で出してもよい。パセリのみじん切りをちょっとちらしてみようか、ゆでたうずらの玉子が一つ沈んでいても可愛らしい。手間をかけて玉子どうふの切ったのを入れてもよく合う。

アンリキャトル（ヘンリー四世）風という名のスープを私は大好きで、レストランにいくと、よく注文したものである。このスープは、深目の壺に入って出てくる。澄んだチキンコンソメのなかに、小さい骨つきのトリ肉、面とりしたにんじん、セロリ、小玉ねぎが入っている。ちょっと変っていて、ちょっと品のよい、すてきなスープである。

＊

オニオングラタンも日本人好みのスープだ。オニオングラタンを初めてたべたのは、女学生の頃だった。フタつきの小さいグラタン皿に入ってでてきた。ふたをあけると、ふわっと湯気が上ってチーズが煮えていた。その下はパン、その下においしいオニオンスープがある。やけどしそうに熱いのをフーフー吹きながらたべたそのおいしさ、この世にこんなすばらしいスープがあったのかと感激した。

パリに行ったとき、さっそく本場のグラティネ（オニオングラタンスープの通称）を食べに行った。給仕が大どんぶりをかかえてきて、私のお皿にザッとあけた。期待に胸をおどらせていたのに、チーズは糸をひいて切れない、味もなくて、まるでゴム、チューインガムみたいだ。たべにくい上に、スープの味も大したことはなく、がっかりしてしまった。

グラティネは一流のレストランでは出ない、キャフェでたべる庶民のおそうざい、おでんか、きつねうどんみたいなものなのだ。だからレストランで作る日本のグラティネのほうがずっとおいしい。

オニオンスープは、時間さえかければ、家でもおいしく作れる。四人前として材料は、玉ねぎ3コ。玉ねぎをタテに二つに切り、はしから紙のように薄く切る。厚手の大きななべにバタを大サジ3杯ぐらいとかして、玉ねぎをいためる。はじめ強火でいためるが、玉ねぎに色がつきはじめたら中火におとし、塩を茶サジにすり切り1/2杯ふり、玉ねぎがあめ色になるまで三十分ぐらい、忍耐強くいためていく。そこへ白ブドー酒を大サジ3杯入れる。

なべに水をカップ8杯分ぐらいとって、固型スープを3、4コとかし、煮立ったら玉ねぎのなべに入れてもう一回火にかける。煮上ってきたら、アクを丹念にすくって、二十分ほど煮てオニオンスープの出来上り。これにチーズの粉をふったり、チーズトーストを入れてたべると、とてもおいしい。

このスープを、深目のグラタン皿に入れてから、トーストをのせ、チーズの粉をたっぷりかけて天火の上火で焼く。上火で手早く焼かないと、パンがスープをすって、びちゃびちゃになってしまう。これが焼き上ると、オニオングラタン。

これを上手にするためには、パンは皿の大きさより少し大きめに切って、スープとパンの間にすき間を作って焼くのがよいようである。これはちょっとむずかしくて、成功するまでに、私は二、三回、いやそれ以上失敗した。

みどりの島タヒチ

ロサンゼルスからジェット機で七時間半。朝、五時ちょっとすぎに、タヒチ、パペーテのファア空港に着いた。フランスの自治領だけに、飛行機に乗ったとたんから、アナウンスはフランス語、飲みものもたべものもフランス調となった。

私の旅程は、タヒチ滞在はあとにのこし、まず、モレア島の地中海クラブへゆくことだった。モレア島はパペーテから十五キロ、飛行機で六、七分、船に乗ると一時間くらいで着く。ミュージカルス〈南太平洋〉の中で歌われている〈バリ・ハイ〉がモレア島である。

空と海の出あうところにその島はある
海の風がささやき　夜となく昼となく
あなたを呼んでいる

この、美しくダイナミックな歌を、私は終戦のころから、歌ってきた。その島が、いま目の前にあった。

＊

モレア島ゆきの小型セスナ機に乗りこむ頃から、幸い晴れ間がみえだし、だんだん明るくなってきた。

エメラルドグリーンのサンゴ礁にかこまれた緑の島。ところどころにそびえたつ岩山が、美しい眺めだった。タマエという名の空港に降り、大型トラックを作り直したバスで、地中海クラブのバカンス村へ向う。

バカンス村は、その名のとおり、都会の生活を忘れて休暇を味わう村なので、時計もおかない。電話も、テレビ、ラジオもない生活に入る。自然の中で憩い、いやなことは忘れて楽しく遊び暮すのが、このクラブの趣旨である。モレア島のバカンス村は、五百人以上滞在できる大きな村で、私たちには「ファレ」と称する、小さい一軒家を貸してくれた。

わらぶきならぬバナナの葉でふいた屋根、中に入るとベッドが二つ、テーブル一つ。その先に洗面所があり、お便所とシャワーがついている。なかなか居心地のよいファレだった。

バカンス村にいる人たちは、たいていの人がハダシで、男性は上半身ハダカだった。私も一刻も早く南国風になりたくて、いそいで、一軒あるブティックに行った。そこで麦わら帽子とゴムぞうりを買い、パレオを二枚買った。パレオは幅広い細長い布で、女の人たちはそれを胸から巻き、男の人は腰に巻く。海水着の上にパレオを巻いて海にゆき、パレオを砂の上に敷いて寝ころび、泳いだあとはパレオで身体をふく。じつに便利なものであった。

海ぞいに、大きなレストランバー〈ティキ〉があり、海辺に添って歩いてゆくと、テニス場、そしてまた大きなバーと、ベンチを並べた劇場、タイル貼りの踊り場などがあった。

海は、サンゴ礁の中とはいえ、あまり遠浅でなく泳ぎよかった。すき透った水は、まるでゼリーのように柔らかく優しく、下を見ると、きれいな魚が泳いでいた。海辺にねころんだり、本を読んだりしている人の中には、トップレスの女性も多かった。きれいな人は、美しさを誇るごとくだったが、ひどく太ったおばさんも、平気で裸になっていた。

二十代中頃の可愛い日本女性がGOとして働いていた。GOとは地中海クラブ独特の職業である。「ジェントル・オーガナイザー」の意で、お客様たちが、楽しく遊べるように、いろいろ世話してくれる人たちのことである。

水上スキーの先生、テニスのコーチ、乗馬のコーチ。特技のない人は、いっしょに食事をしたり、泳いで相手をしてくれたり、タヒチや、もう一つのボラボラ島のバカンス村ゆきの切符の手配などしてくれる。

＊

着いた翌日、向いの小島へピクニックにゆくことになった。掲示板に、「出発の船は九時から十時」とはり出される。その時刻に浜辺の小さい船つき場へゆくと、十二、三人乗りの船が、いったりきたりしていた。

小島のまわりは、さらに一段とすき透ったエメラルドグリーンの海、ねころんでいると天国にでもいるような気分になった。タムタムの音がきこえてくる。起き上って、音のきこえてくるほうをみると、ミュジシャンたちの演奏のもと、GOの指導で、人々はタヒチの踊りを習っていた。

食事はバーベキューとサラダと果物。なれている人は、バゲットの間に焼きたての肉をはさんでほおばっていた。GOが肉を焼き、パンチやブドー酒やジュースをついでくれる。

バカンス村では、夕食後に毎晩レビュをみせてくれる。そのレビュは、GOたちが出演して、ライザ・ミネリやベラフォンテ、サミー・デビス・ジュニアなどの歌をふきこんだテープに口を合わせて、歌ったり踊ったりする。衣裳も、カジノ・ド・パリあたりのお下りらしく、豪華で美しかった。昼間、見知ったブティックの売り子がダンスをしたり、銀行の窓口にいた青年がコメディアンを演じたりしている。

*

「地中海クラブの一番すてきなところはご馳走よ」ときいていたが、食事は、もう、ただただ、びっくりするほど素晴らしかった。

朝食と昼食は、ビュフェスタイルだった。夜は、スープからはじまって、お魚、そして、お肉の料理からデザートまでのフルコースで、給仕が八人前の銀皿をどんとおいていなくなる。目の前におかれた人が、皆のお皿にとりわけて渡すのだった。

朝食といっても豪華版、果物が並んでいる。パパイヤ、西瓜、パイナップル、メロン、それにフルーツポンチ、フルーツゼリー、フルーツババロア。コンフレークスのとなりはパンで、ぶどうパン、バゲット、クロワッサン、ビスケットがあり、ジャムとチーズは十種類くらいあった。

中央のテーブルでは、コックさんが、ベーコンをカリカリに焼いてくれて、目玉焼きも目の前で作ってくれた。涙が出んばかりにおいしかったのは、うすくうすく焼いた蕎《そ》麦粉のクレープだった。舌ざわりが柔らかく、香《ば》ばしく、蜜をぬって口に入れると、すいすいと食べられ、何枚もお代りをしてしまった。

＊

昼食には、百五十種類もの料理が並んでいた。入口を入ったところにまず生野菜がある。うすく切ったトマト、セロリ、ピーマン、ビーツ、ブロッコリ、それに、白や茶、グリンの煮豆類が十数種類でている。これは、ダイエットしている人や、油気ぬきの人のために、ソースはかけてなかった。

次のテーブルは、ドレッシングやマヨネーズで和えた生野菜、魚の冷製、エビ、貝のゆでて冷たくしたものが並び、ソースは別に、サザンアイランド、ヨーグルトソース、ブルーチーズソースなどがおいてあった。次がソーセージ、ハム、パテ、冷たいローストポーク、ローストビーフ、ローストチキンがあり、入口の料理は終る。

食堂の右手では火がおきていて、熱く焼けた鉄板の上で、串ざしの羊、牛肉、やきとり、そのほかに、ハンバーグステーキや魚を焼いていた。

中央の大きなテーブルは、ホットプレートの並ぶメイン・ディッシュで、まず一番手前には、クロックムッシュがずらっと並んでいた。

パリの楽屋生活の頃、よく夜食にたべた、このホットサンドイッチは、私の大好物だ。

トーストにハムとチーズをはさむ店があるが、それは間違いで、ハムとチーズをはさんだサンドイッチの両面を油で焼くのが、本式のクロックムッシュである。なかのチーズがとろっととけて、油をすったパンのこんがり焼けたのは、得もいえない味だ。ここのは本格的で、すごくおいしそうに出来ていたが、これを一枚たべたら、ほかのものがあまり食べられなくなってしまいそうで、とうとう一度も食べなかった。

クロックムッシュの次の列は、ピッツァとキッシュ。ピッツァは、トマトと黒オリーブだけの南仏風のものから、魚貝類、サラミにチーズなど何種類かあった。キッシュとは、丸く型に焼き上げたパイ皿の上に、ベーコン、マッシュルーム、ほうれん草などをまぜた、玉子入り生クリームを流しこんで、天火で焼く。ちょっと茶わん蒸し的なパイである。

次の列はパスタ類、ラザーニャ、ラビオリ、タリアテッレ、じゃがいもを入れて作るニョッキなどのグラタンが、グツグツとおいしそうに煮えていた。羊のシチュー、カレー煮、トリのブドー酒煮、牛肉のワイン煮こみ、温野菜など、毎日少しずつ変ったメニューだった。

私が必ずたべたのは、レ・オ・ベール・ノワール。

レ・オ・ベール・ノワールは、赤エイをゆでて、ケッパースを入れたバタソースをかけてたべる。料理としては、なんの変哲もない料理だが、エイは、全身が魚のえんがわのような魚だから、デリケートな味で、なんともいえないおいしさなのである。ピラフやチャーハンも必ず出ていたが、お米がパラパラの外米なので、さらっとしてよかった。

＊

つね日頃、甘い料理はいやだと思っているのに、ある日、間違えて、トリとプラムの煮こみをお皿にのせてしまった。仕方なしに食べたら、それがひどくおいしくてびっくりした。

「これこそ、フランスの味っていうのかしら」と、隣りに坐っていたフランスの女の人にいったら「南のほうね」と答え、作り方を教えてくれた。

トリのもも肉の骨をはずし、三切れに切る。塩コショーをしっかりしてから、バタでこんがりいためる。干しプラムは、赤ブドー酒に一時間以上つけておき、トリといっしょにコトコト一時間ほど煮る。トリとプラムをとり出し、皿にもって、残り汁に生クリームを入れて味見した上で、トリとプラムの上からかける。

帰国して、早速つくってみた。ヒタヒタのブドー酒で煮て味見をしたら、ブドー酒のすっぱみが舌に残って、あまりおいしくない。それなのに、生クリームをカップ半杯入れたら、とたんに味がまろやかになり、とろりと素敵な味になった。

プラムで甘くなるのではないかと心配したが、砂糖づけのプラムではないから、ほんのりとして、果物の甘さがむしろさわやかに感じられた。それを食べていて、「そうそう、あのときの料理は、これと似ていた」と思い出した。

ジョルジュ・ジューバンという、フランスのトランペット奏者の家に招ばれたとき出てきた〈アジャン風トリ料理〉。ジューバン夫人は料理上手と聞いていたので、スフレとこのトリ料理は、作るところから見せてもらったのだった。

アジャン地方のトリ料理は、丸のままのトリを使った、相当にこった料理だった。干しプラムは、ブドー酒でなくブランデーにつけた。その一部をこまかくきざみ、トリの肝《きも》もまぜこみ、塩コショーして、といた玉子1コとまぜ合せてトリのお腹につめる。厚手のなべに、たっぷりのバタをとかし、塩コショーをしたトリを、ころがしながらこんがり焼く。その中にブランデーをカップ1杯入れて、火をつけて燃やし、とろ火で一時間、むし煮にする。

「こげつかない?」「スープかなにか入れるのでしょう」ときいたら、とろ火ならこげつかないし、むしろ汁がでる、といった。トリを大皿にのせて、残り汁に生クリームを少々入れ味をととのえて、上からかけ、その上にバタいためした残りのプラムを、はりつけるように飾るのである。

トリのまわりにはうす切りのトマトをおき、上からパセリのみじん切りがふってあったから、黒、赤、グリンと、見た目に美しかった。お客様をアッといわせる見事な料理だが、ぶつ切りドリとプラムのブドー酒煮のほうが、味がよくしみこんでいておいしいと思った。

私は、一つの料理にこると、そればかり作るクセがあるから、当分は、私の友人たちも、このプラム入りトリ料理を食べさせられるはめになることだろう。

＊

食堂のテーブルの横には、本日のスペシャルテーブル、というのがあって、毎日かわった料理を出していた。初日は揚げものの日で、白身の魚とトリのから揚げ、それと、二つ切りのバナナを揚げていた。バナナは、バタでいためたり、揚げたりすると甘くなる。

二日目はオムレツの日で、ゆでた小エビ、みじん切りのハム、チーズ、いためたピーマンやマッシュルームなど、十数種類の具が並んでいて、好きなものをたのむと、目の前でオムレツを作ってくれた。

三日目はスパゲティで、ミートソース、ナポリタンのほかに、魚貝類やバジリコの入ったホワイトソースがあり、各自、好きなソースをかけてたべるようになっていた。

スペシャルテーブルは、毎日の楽しみだったが、一番感激しておいしく食べたのは、アラブの料理だった。そのコーナーでは、アラブの音楽が流れていた。アラビア料理の代表的なものは、穀物の粉を稗《ひえ》のような細かい粒状にして蒸したものにソースをかけてたべる〈クスクス〉である。パリにいた頃、ときどき食べに行ったこともあるが、モレア島でたべたのは特においしかったような気がする。都会のビルの中でたべるより、南海の小屋でたべるのにふさわしい料理のせいだろうか。

パリの〈クスクス〉は、トリや羊を煮こみ、カシューナッツが必ず入っていた。そこのクスクスは豆だけ、玉ねぎだけ、イカだけの三種類だが、唐辛子がきいたきまった味で、「これこそ本場クスクスの味」といった風情であった。

そのほかにはじめてみる、真赤な、なんか魚の子らしいもののクリーム和えがあった。一見、どくどくしい色なので、敬遠されてか、あまり食べる人はいないようだった。私はタラコのサワクリーム和えをよく作るが、それに似ているし、きっとおいしいに違いない、とお皿にとったが、あまりのおいしさに、もう一度おかわりをしたほどだった。

ほかにも、ムサカのようなナス料理、ナスに詰め物をして焼いたもの、ピーマンやトマトにご飯をつめたものなど、日本人好みの料理が何種類かあった。

デザート用のテーブルには、イチゴ、梨、リンゴなどのタルト、プディング、ババロア、テーズケーキにチョコレートケーキと、三十種類ものデザートがおいてあり、その先のコーナーはチーズとフルーツ。

テーブルは八人がけで、入ってきた順番に坐る。知らない人たちと話しながらの食事は楽しいものだった。寒い国から太陽をもとめて来ている人が多かった。カナダ、アメリカ、オーストラリアの人も多く、日本人は、新婚旅行のカップルが帰ったあとは、私ひとりになってしまった。

春はふわふわ玉子のスフレから

どこでも、ママのおとくい料理、おばあちゃまのおとくい料理、ときにはパパのおとくいというのもある。

しかし、とくい料理もそのときどきで変るものだ。私はシチューを作るのがとくいで、週に一回は作っていた。ホワイトシチュー、トマト色のシチュー、ポトフのように澄んだものそのときどきの気持で、いろいろなシチューを作った。

それなのに、この冬は、シチューは二、三回しか作らなかった。それも、自分たちのためではなく、友人が集まったときであった。その代り、この冬は、二、三年前まではめったにたべなかったなべ料理ばかり作っていたような気がする。

なべ料理はさっぱりしすぎて敬遠していたのに、なにかというと「おなべにしようか」というふうになったのは、年のせいであろうか。

*

家のおなべはいつも同じだ。主人が身のしまった魚しかたべないから、タラ、そしてかきときまっている。それを、レモンとおしょうゆでいただく。私はいささかあきて、自分のぶんに、さわらやかじきまぐろを切っておくこともある。レモンの他にゆずをしぼったり、大根おろしで食べることもある。

ときどきは、そのあと牛か豚のうす切り肉をしゃぶしゃぶと煮るが、この冬は、トリのたたきにこった。みじん切りのねぎとしょうが、それにおみそ少々と玉子を一コ入れて、ひき肉とよくまぜ合せる。お皿にぺったり寝かしておいて、ぐらぐらのなべの中に、少しずつ、ぽとりぽとりとおとすと、小さいおだんごができる。これは、やわらかくて香りもよくて、とてもおいしいとおもうのだが、夫は一瞥《べつ》もしない。かきとタラひとすじである。

朝食もアプルコンポートとコーヒーにきまってひさしい。アプルコンポートなどというとキザだが、要するにりんごの煮たので、これは胃におさまりがよいのだそうだ。

そういわれてしまうと一言もないが、遺伝ではないかと思われるふしもある。彼の父親、すなわち私のお舅さまは、三百六十五日おとうふのおみおつけで朝食をとっている。もう数十年、おとうふの実ひとすじである。たきたてのご飯を茶わんによそって、その上にみそ汁の中のおとうふをすくってのせる。上からけずりかつおをかけて、ご飯とまぜてたべる。

「ハハー、犬メシですな」といわないでいただきたい。「うずみ豆腐現代版ですな」といってほしいのだ。

〈うずみ豆腐〉のことは辻嘉一さんの書かれた本で知った。埋み豆腐ともいう茶懐石の料理である。白みそのおみおつけの中に、大ぶりに切ったおとうふを入れて煮る。ふわっと浮き上るところをとり出して、お椀に盛り、その上にたきたてのご飯をのせ、終りに汁をはる。別にときがらしと、もみのりを添えるのだそうだ。

黒塗りのお椀に白いおとうふ、白いご飯、それに白みそは美しいとり合せだ。お懐石だから、ご飯はお釜の肌にそって一杓子、切りとるようにすくっておとうふの上にのせるのだろう。こうなると汁かけ飯も芸術的になる。

茶道の古典の槐記《かいき》に「享保九年十二月十八日御夜食」として、このうずみどうふが記されているという。ついでにその夜のメニューを写させていただくと、

嫁菜、土筆、白魚、いり酒

ハンペン、玉子フハフハ、芹、細柚

すてきなお夜食だ。辻さんは、「不意の来客、霜の朝、雪の夕餉につくってみるのも、たのしい風流の味でありませう」と記されている。ハンペン、玉子フハフハ、芹、細柚、

というのは、いかにもおいしそうだ。ハンペンは四つ切りか二つ切りか、うす味で煮てその上から玉子をかけてふわふわととじて、芹の葉と柚の細切りをのせるのだろうか。ああ、たべてみたい、いや作ってみよう、と心にちかったりする。

おなべをするとき、最後はおじやや、うどんの煮こみを作る。そして出来上りぎわにほぐした玉子をかけてとじる。この玉子とじのおじやがたべたいためにおなべをするのだ、といってもよいほど、私はふわふわが好きだ。オムレツだって、外側に少し焼目がついていようとも、中は半熟、かき玉のふわふわである。スフレはもっとふわふわでもっとおいしい。

＊

しかし、スフレオムレツといえば、いまでも胸のいたむ思い出がある。戦時中のある日、私は海辺の町に疎開している親類の家に、泊りがけでたずねていった。海辺だったからたまにお魚が手に入るとはいえ、食料難であった。女主人が「今日は珍しく玉子が手に入ったのよ」と、ざるに入った六個の玉子をうれしそうにみせた。

「何にしていただきましょう」

「一人一コあてだわね」

そのとき、私の頭に、雑誌でよんだ玉子料理がひらめいた。

「スフレオムレツっていうの、おいしいんですって。雑誌にでていたわ。ふわふわになるから大きくみえるんですって。珍しいし、子どもさんたちもおばあちゃんもよろこぶのじゃないかしら」

「じゃ、作って下さる？」

「ええ」

などと気楽に引き受けて、雑誌に書いてあったのを思い出して作った。

玉子ははじめに黄味と白味を別々にして、白味は泡立てて、黄味に塩コショーしてざっくりまぜて、油で一人前ずつオムレツを焼いた。たしかにふわっとふくらんで格好はよかったが、たよりなくふわっと口の中でなくなってしまう感じだった。

子どもたちは「これ玉子？　つまんねェーの」と毒づくし、おばあちゃんも「なにやらたべた気がしませんね」となげく始末。女主人は気をつかって「でも、おいしかったわ」といってくれたが、それはなぐさめの言葉にすぎなかった。

スフレオムレツは、玉子も二、三コ使って、バタをたっぷりしいて、おいしい具を入れたり、こってりしたソースをかけていただく前菜なのだ。前菜なら軽くふわふわといただくのでよいわけだが、たった一コの玉子で作ったスフレオムレツなどというものは世の中に存在しない。まして具も入れずソースも作らず、お皿の上にぷわっと一つ、よくも出したものだと思う。

久しぶりにありつく玉子なら、各自の好みをきいて、おいしくたべさせてあげるのが、本当の料理人だ。ある人は半熟で、またはフライドエッグで、玉子の黄味も白味も味わいたいだろう。ある人はいり玉子に、またはオムレツにして、やわらかい玉子の味を楽しみたいだろう。またある人は、生のままかきまぜて、おしょうゆをたらし、ご飯にかけてたべたいだろう。「あーたべた」という実感が味わいたいのに、余計な口だし手だしをしたために、貴重な玉子はふわふわと口の中で消えてしまった。まるで上等なヒレステーキをひき肉にしたみたいなことだった、といまにして思う。

＊

はじめて本当のスフレという料理をたべたのは、パリに住んでいたときだった。一九五三年の春から五四年の春まで、モンマルトルのレビュで歌っていた。そのころ、同じ楽屋で毎晩顔をつきあわせていたリュシエンヌという歌手がいた。そのとき私はちょうど三十歳だったが、少し若く思われたいから二十七歳と称していた。「あーら、私も同い年よ」初対面のときそういったが、どうも彼女の方が上のような気がした。五、六歳さばをよんでいる感じだった。

彼女はなにかにつけて先輩ぶった。もちろん私は、パリのことをよく知らないし、フランス語だってたいしてうまくないのだから、「リュシエンヌ、リュシエンヌ」と頼りにしていた。彼女は北欧系というか、グレタ・ガルボ風の理知的な美しい顔をしていた。そして、低い耳ざわりのよい声で歌った。

くいしん坊のフランス人からずいぶんいろいろな料理を教わったけれど、私はリュシエンヌから一番多く教えてもらった。

二人でレストランに入ったとき、リュシエンヌが、デザートはスフレにしようといった。スフレをたべたいときは、時間がかかるので、あらかじめ注文しておかないとダメだという。作りたてをたべさせるために、コックさんは時間をみはからって作るのだそうだ。カルメ焼きみたいなもんかな、と思ったりしたら、とんでもない……。すばらしく豪華なデザートだった。黒服を着た給仕長がうやうやしく運んできた。スフレは、深皿の上にふわっと盛りあがり、クリーム色の地肌を出しながらこんがりと焼けていた。

大きなスプーンで、ざっくりとお皿によそってくれる。湯気の立つクリーム色のふわふわ菓子、よい香りがただよっているのは、グランマルニエ酒とオレンジの皮が入っているからだ。「こんなにたくさんたべられないわ」なんていったのが恥かしいほど、すいすいと胃の中にすべりこんでしまう。「こんなにおいしいものが世の中にあったのか」と、ひと口ひと口、感激しながら味わった。

スフレ・オ・グランマルニエ、このようなすてきなデザートはレストランでたべるものと、その頃は頭からきめていた。しかし、だんだんお料理も出来るようになった頃、チーズスフレというのに出会った。

*

仕事のあとリェシエンヌが家にきた。「なにか食べたいわね」と二人で台所に入ったが、チーズと玉子くらいしかなかったので、チーズスフレを作ることになった。もちろんそれは彼女の提案で、そして作るのも彼女だった。私はよこで、ひたすら感心しながら眺め、「おいしいおいしい」とおかわりをしてたべ、そして、これなら私もできそうだと思った。

約五、六人前として、チーズはグルィエールチーズかエメンタルをおろし器でおろしたのをカップ1杯半、この頃はスーパーでピザパイ用チーズとして売られている袋入りが便利。バタカップ2/3杯、メリケン粉同量、牛乳カップ2杯、玉子6コあればできる。

まずホワイトソースを作る。ホワイトソースの作り方はご存じと思うけれど、まだ「ホワイトソースってむずかしいわ」とか、「だまが出来るのがこわくて作らないの」などという方もいるので、書くことにしよう。私も昔はそうだった。ホワイトソースを作ると失敗すると思い、作ることがおっくうだった。今はこんなやさしいものはないと思っているし、私のやり方をみせると、若い女の人も「こんなことなら私も出来ます」といってくれる。

まずフライパンにバタをとかす。強火にするとこげるので、作りあげるまでずっと中火にしてほしい。その中に粉を入れて泡立て器でまぜる。

この泡立て器が新兵器なのである。「金物《かなもの》を使うと色が悪くなります」「竹べらかしゃもじでかきまぜましょう」などという言葉に、まどわされてはいけない。それは悪魔の声だ。「牛乳を温めましょう」そんな必要もない。「少しずつ、温めた牛乳をまぜます」それもあまり神経質になる必要はない。

フライパンの中の粉がバタとなじみ、とろっとして香りが立ってきたら、牛乳を入れる。片手で泡立て器を動かしながら、だらだらと流しこむ。その間、泡立て器はたえずかきまわしつづける。そうすれば、初めちょっとだまが出来そうになっても、必ず舌ざわりのなめらかな、とろっとしたソースができる。

この分量だと固めのソースである。その中に塩コショー、あればシナモンの粉をふりかけ、チーズを入れてとかして、そのままさましておく。塩の量は、使うバタやチーズでちがうので、初めはいれないで作って、その次から、加減をみて入れることにしたほうがいい。

*

食事の始まる約一時間前に天火をあたため、耐熱性の器にバタをぬりつけ、その上にパラパラと、粉チーズをふりつける。玉子は、黄味と白味べつべつにわけて、黄味は前に作ったチーズ入りのソースの中に入れてまぜる。白味は泡立て器で固く泡立て、ソースの中に三回くらいに分けて、切るようにざっくりとまぜ合せる。きれいにまぜようとしてこねくりまわすと、よくふくらまなくなるので注意してほしい。

このたねを器に流しこむ。流しこんだときたねは、器の縁すれすれより三センチぐらい下の分量だと、ふくらんだときの盛り上りがよいだろう。

天火は、初めは高温で十分、中火にして二十分焼く。気になるけれど天火は開けてはいけない。三十分したら開ける。スフレはすでにこんもりと焼けて、それはそれはおいしそうな形になっているはずだ。箸を中にさしてとろみがついてきたらもうしばらく焼く。すーっと通ってなにもついてこなければ出来上り。

「さあ出来ました」と、ふわっとふくらんだ熱つ熱つの器をテーブルに出してからぐずぐず坐られたのでは困るのだ。「早く早く」「熱いうちに召上って」などと叫んでいるのに、「どうぞお先に」などと、席をゆずりあわれたのでは、こちらは泣きだ。

できたてのおいしいところをたべてもらおうと必死なのに、「ちょっとお手洗い拝借するわ」と席をはずした友人を、私は「もう絶交しちゃおうか」とさえ思ったことがある。それほどスフレは、たべるタイミングが大切なのである。

チーズスフレ、このほかに、カニやエビ、鮭など入れたり、高級レストランではざりがにのすり身を入れてピンクに焼き上げたりする。どれも皆おいしい。これは辛口で前菜用。前に書いたスフレ・オ・グランマルニエはデザートで甘口、これもグランマルニエ酒入りのほかに、チョコレートや苺入りと、いろいろ種類がある。

辛口のスフレは、ホワイトソースをベースにして作るので、作り方はむずかしくない。しかし甘口には粉を入れないので、それだけむずかしくなってくる。

グランマルニエ酒が手に入れにくい場合は、オレンジの皮、またはレモンの皮だけでよいが、材料としては四人前のスフレで、グランマルニエ酒1/4カップ、オレンジの皮のおろしたもの、大サジ1杯、玉子の黄味5コ分、白味7コ分、砂糖1/3カップ、べつに器にぬる分として、バタ大サジ2杯と砂糖大サジ3杯を用意する。

まず、耐熱性の器にバタをぬり、砂糖をふる。玉子の黄味をおなべに入れて、泡立て器でまぜながら砂糖1/3カップを少しずつ加え、とろっとしたクリーム色になるまで弱火でまぜつづける。このおなべを熱いお湯の中につけて湯せんにすると、とろっと重くなってくる。このなべの中にグランマルニエ酒、おろしたオレンジの皮をまぜ入れ、中身を大きなボールに移して、今度は氷水の中につけて冷たくなるまで冷やす。

ボールに玉子の白味を入れて固く泡立てる。これを黄味とざっくり大まかにまぜ合せる。バタ、砂糖のついた器にこれを入れて、表面を焼き上ったときよい格好になるように、うずのように大きい丸をつくる。高温の天火で二分焼いてから、二百度（摂氏）に温度をおとして三十分焼くとこんもりもり上る。うずを描いておいたから、高いところはこげめがつき、低いところはクリーム色で、綿菓子のようだ。上から粉雪のように粉砂糖をふる。

誰もが「ウワーすてき」と歓声をあげるすてきなスフレ。でも、これをうまく作ってちょうどよいタイミングで出すのはとてもむずかしい。

クレープでブランチを

「今度のお休みに早くおきて御殿場へブランチたべにいらっしゃい」と友だちを誘った。〈ブランチ〉、さて、何を作ろう。一週間も前から、頭を悩ました。あまりにも朝食ふうなものでは、もの足りないし、ブランチと言ってみんなを呼び出した手前、ふつうの昼食では能がない。いろいろ考えたすえ、クレープ、それにパンを台にして、いろいろ変ったものをのせてみようと思いたった。

〈クレープ〉という名をはじめて知ったのは、パリのレストランで〈クレープ・シュゼット〉をデザートで食べたときであった。

黒服をきた給仕長がワゴンをひいてきて、目の前でクレープ・シュゼットを作った。銀のお皿の上に、焼いた黄色いクレープが並んでいた。オレンジ・ソースにキュラソーをかけて火をつけて燃やす。うす暗いレストランの一隅に青白い炎がもえる。すてきな演出、そしてすてきな味のデザートであった。

しかし、このクレープ・シュゼットは誰かが創作した新しい料理で、もとは単なる、うすいうすいドンド焼きにすぎなかった。

二月二日はシャン・ドルール（聖母マリアおきよめの日）の祝日である。この日、片手に金貨をにぎり、片手にフライパンをにぎってクレープを作る、空中でくるりと裏返してうまく焼いた人は、その年は金運にめぐまれるという言いつたえがある、古いしきたりのあるお菓子であった。

そのクレープは、お砂糖が少し入っているうすいクレープで、狐色にこんがり焼けているのに、パウダーシュガーをパラパラとふって食べた。

＊

私がはじめてパリへ行った頃、一九五〇年代のクレープ屋さんは、街角の片すみで小ぢんまり昔風のクレープを焼いて、紙につつんで渡していた。このごろはデザートふう、料理ふうといろいろ趣向をこらして焼く、新生クレープレストランが出現した。珍しいので、行ってみたが、田舎ふうの衣裳をつけた若い女の子が、目の前で大きなクレープを焼いていた。

「中身は何になさいますか」

「メリケン粉で焼きますか、そば粉ですか」と聞いた。そば粉色のうすいクレープには、目玉焼きとか野菜いため、野菜やトリのホワイトソース和え、肉や肝《きも》のドミグラスソース和えなどを、注文に応じて作ってくれた。

うすいクリーム色の甘味のあるクレープには、苺やバナナ、煮た桃や梨などを、食べよい形に切ってのせ、ホイップドクリームとともに巻いた。アイスクリームなども巻きこむと、柔らかく口あたりのよいクレープとよく合った。

私は、現代風クレープを何種類か作ることにした。クレープの作り方は、各人それぞれの流儀があるようだ。粉を水でといて、そのなかに玉子やバタを入れる人もいるし、粉を牛乳や生クリームでとく人もいる。

クレープは、前菜用の料理風クレープとデザート用のお菓子風クレープの二種がある。前菜用には、少し塩を入れる。デザート用に焼くクレープには、お砂糖を少し入れて甘味をつけ、さらにブランデーやシェリー酒、コワントロー、ビールを入れる人もいる。

私は、クレープを作るときは、粉を牛乳でとき、とき玉子を入れ、塩少々入れ、うす焼き玉子を作る要領で焼く。お砂糖は入れないで焼いて、どちらにでも使えるようにしておいた方が便利である。なぜなら、ついたくさん焼いてしまうので、使わない分は、一枚一枚の間にラップを敷いて、密閉容器に入れて冷凍しておくからだ。

私のように小人数の家では、軽くクレープでも食べようか、というとき、冷凍クレープを二、三枚とり出して、ホイルに包み、ロースターに入れてあたためる。ほかほかのクレープに、あるときはジャムを巻き、あるときは野菜のバタいためなど入れていただく。それで、けっこう楽しい昼食や夜食になる。

クレープは御殿場へ行ってから焼くのは大変なので、前日に焼いた。焼いていたら、ふと母に食べさせたくなって電話をした。「一枚だけ食べたいわ」というから、いそいでとどけた。隣りに住んでいるので、その点は都合がいい。小さいフライパンでうすく一枚焼いて、二つ折りにしてオレンジソースをかけた。

母のところに顔を出して「なにかご用はありませんか」と聞くと、母はよく、「クレープでも焼いてもらおうかな」といった。クレープが好きなのだ。しかし、それだけでなく、クレープを作ると、その間は私が家にいる。バタバタといそがしげにすぐいなくなってしまう娘の引きとめ策でもあるかのようだった。

オレンジソースは自己流で作った。オレンジを半分に切ってジュースをしぼり、その中にたっぷりの砂糖を入れ、オレンジの皮のせん切りを少々入れてコトコトと煮つめた。オレンジの香りが柔らかく、焼けたクレープによく合った。

甘党の人にはオレンジソースか、市販のメープルシロップで食べてもらおうと思った。クレープにのせる具も、三種類作ることにした。

＊

用意のために私は一日前に出かけた。御殿場へゆくとき、私は、パン、チーズ、ワインは東京からもってゆくが、他のものは御殿場で買う。すべて東京の半分か三分の二の値段の上に、新鮮でとてもおいしいからである。

駅前のスーパーマーケットでいろいろ調達してからトリ屋さんへ行った。御殿場の養鶏は昔から有名で、ここのトリは最高だ。肝《きも》を見ると新鮮さがよくわかる。御殿場のトリの肝は、ふっくらとしてつやがよく、いきいきとした色あいだ。水につけても血がでない。玉子だって、割ったら黄味がこんもりと盛り上っている。だから夕食は、トリのすき焼きにするつもりなのだ。

「肩のほうがおいしいですよ」と店の若主人がいうから、それを薄く切ってもらい、ひき肉、肝、玉子をずっしり重いほど買ったのに、あまりにも安いので申しわけない気分になった。

御殿場というところは湿気の多い土地で、霧もかかりやすく、雨も多い。春から秋にかけては、富士山にも雲がかかって見えぬ日が多いが、冬は空気が乾いているから、富士山はくっきりと美しい姿を現わしている。

買物をして外に出る。目の前に富士山がせまってくるように大きくそびえている。どの横丁からも、富士山がみえる。「御殿場の人は幸せだな」としみじみおもった。ほんのちょっと、それも買物にでただけなのに、なにか壮快な気分になって帰ってきた。

＊

当日は、起きたとたんから下ごしらえにかかった。まず、クレープを一枚ひろげて、真中に一列、せん切りのハムをのせ、その上に、塩コショーで味つけをした、うす切りマッシュルームのバタいためをのせ、生クリームをのせてくるくるっと巻いた。グラタン皿にバタをぬり、その上に順序よく並べて一つ出来上り。

つぎは、バタいためのほうれん草とハム、そして生クリームを巻いた。もう一つはウインナソーセージをくるくるっと巻くだけ、いただく三十分前に、上から生クリームをかけて、カットチーズか粉チーズをたっぷりふりかけて天火に入れて焼く。小人数のお客様ならばもう少し具に工夫をするけれど、あまり大げさに出来ないので、手のかからぬ具を入れた。ぐつぐつぐつと表面がこんがり焼けたクレープのグラタンは、ルーで作っていないから舌ざわりも軽く、とてもとてもおいしい。

＊

さて次の仕度は、まずトーストを作ることだ。サンドイッチ用に切った食パンの耳をおとし、二つ切りにする。天火に火をつけ、天火でトーストを作る。この場合はこがしすぎないように、ほんの少し狐色がかったらとりだす。このトーストは、トースターで焼いたトーストよりかわいて固く焼けているので、カンに入れておけば、一週間はカリカリッとおいしくいただける。これは深めのかごに盛っておく。

別にバゲットを二センチ厚さに切り、これもかごに盛っておく。このトーストとバゲットには、各自、好きなものをのせて食べてもらうべく、深皿に具をよそって出した。

今日は六種類。まず、ゆでたまごのみじん切りとパセリのみじん切りをマヨネーズでとろりと合せ、ガラス皿にこんもり盛る。ツナの油漬けのカン詰をあけ、汁を切って、ボールの中でこまかくほぐし、セロリの小口切りとまぜてからフレンチドレッシングとあえた。これは、セロリのない場合、みじん切りの玉ねぎでも、うす切りのきゅうりでもおいしい。

もう一つは、じゃがいもをやわらかくゆでてからつぶし、うす皮をむいたタラコとまぜた。じゃがいも4コにタラコ1ハラくらいの分量がよいと思う。そのなかに、サワクリームまたはマヨネーズを少々入れて、よくよくまぜあわせる。これをカリカリのトースト、またはバゲットに適当にのせていただくととてもおいしいのだ。

このほかにあたたかい料理三種類を作った。

マッシュルーム・オン・トースト

スピナッチ・オン・トースト（ほうれん草）

クルベット・オン・トースト（芝エビ）

そのためにホワイトソースを作る。フライパンにバタをとかす。そしてその分量より少し多めの粉を入れてよくかきまわす。

そのうちに粉に火が通ってプーンと香りがたってくるから少しずつ牛乳を入れてのばし、塩コショーで味をつける。もしあったら白ブドー酒少々入れる。泡立て器でまぜるのがコツで、これを使えば必ずクリーム状にきれいなホワイトソースができるのである。

マッシュルームをうす切りにして、バタでいため、ホワイトソースを作ってあわせて、バタを塗った食パンの上にのせて、上からチーズの粉をふり天火で焼いた。

ほうれん草は、ゆでてみじん切りにして、それをホワイトソースとあわせる。食パンの上にバタをぬり、ハムの薄い一切れをおき、その上からこの緑色のクリーム状のソースをのせて天火で焼く。

あたたかいトーストの料理はもう一品。芝エビはさっとゆでて殻をむき、マッシュルームのうす切りと共にバタいためする。塩コショーでうすく味をつけた後、これもホワイトソースで和えてパンの上にのせ、チーズの粉をふり天火で焼く。

このようなメニューにしたのは、前もって作れるもの、前もって用意ができて、天火に入れればそのまま出せるものをえらんだからである。話の最中にお客様の前からあわただしく姿を消して台所へとびこみ、鼻の頭に汗などかいて出てきたりすると皆がいやがるからだ。

＊

サラダはさっぱりとレタスだけにするつもりでいたら、友人が御殿場で買った真白な大根をみつけて「あーら、おいしそう、サラダにいれましょうよ」といった。私は大根のサラダなんて知らないので作ってもらった。

大根をセン切りにする。塩をしてしばらくねかせると大根がしんなりとする。それとレタスをまぜてフレンチドレッシングであえた。しゃきしゃきとした大根の歯ざわりがなんともさわやかで、レタスとともに胃の中をきれいに洗い流してくれるようだった。このようにさっぱりしたサラダはチーズともよくあう。

私はチーズが好きだ。自分の好きなものは皆にも食べさせたいから、自宅に近い広尾のスーパーマーケットで、これぞとおもうチーズを買っていった。このごろは日本にいながら、どこの国の珍味も充分に味わうことができる。

私はフランスの柔らかいフレッシュチーズ〈ブルソー〉という、ちょっとニンニクの香りのするチーズを買った。まわりがコショーでかためられている〈オ・プワーブル〉も、バゲットにつけてたべたら目の前がバラ色になる。外側が白カビでおおわれていて、中身はとろりとほのかに甘いブリー。カマンベールは、チーズの王様といえるだろう。でも固いチーズの好きな人もいるから、少し塩からいけれどオランダチーズ1コを買っていった。

パンにチーズをのせて食べるとき、私はときどきマスタードをつける。マスタード工場で成り立つフランスのディジョンのものが、このごろでは、こちらでも買える。マスタードはかぞえきれないほどいろいろな種類があるけれど、そのなかでも、あまり特殊でない、白ワイン入りの〈グレイ〉などが素直な味で一般むきだと思う。

食前食後のために、大きなガラス鉢に果物入りのパンチを作っておいた。オレンジ、レモンのうす切り、苺はへたをとって二つ割り、バナナは二センチ厚さに切り、カン詰のパイナップルを小さく切ったのに甘口の白ワインをそそいだ。ふつうパンチは赤いワインを使うけれど、甘口の白ワインがあったのでパンチにしてみたらとてもよかった。口あたりのよいパンチに酔って、ソファの上でねむってしまう人もいた。食べすぎたあとは、ぞろぞろ連れだって散歩にでた。冷たい空気が食べすぎの身にこころよかった。

*

私の散歩のコースは三つある。いちばん軽い散歩は、日本に住みついて御殿場に骨をうずめる覚悟を決めたドイツの老人の家をおとずれることである。広い広い庭のベンチに坐って富士山をながめ、鯉にエサをやり、池の水ゼリをもらって帰る。

つぎは産業道路を渡って小高い丘にのぼる。そして丘の上から、裾野まで見渡せる大きな大きな富士山を眺める。その丘は芝生を作っているので、目の下は人家までつづく芝で、それもまた美しい眺めだ。

いちばん長い散歩は、畠にかこまれた田舎の道をどんどん歩いてゆき、竹やぶのある山道に入る。細い道の両側には、二月になるとふきのとうがでるので、それを摘むのが楽しみである。山道をのぼり、そして下ってきたところは農家で、牛と豚を飼っている。大きい豚が二匹、たいてい子豚が生れていて、十匹くらいのかわいいかわいい子豚がお乳をのんでいる。さいわいふきのとうも少し摘むことが出来て、山荘に帰った。

そのあとは、トランプをしたり花札をひいたり、お風呂に入る人もいたりして、今度は夕食。トリなべだからあまり働かずにすんだ。

トリなべは、最後にきしめんやおもちを入れておいしくいただいた。何だかお正月のような気分だった。

父とニューオルリンズと

このところ、父が病身で、入院退院をくりかえしていて、二日も会いにゆかないと、ふざけ半分、皮肉半分、「どこか、ご旅行でしたか」という。四日もゆかないと「パリへお出かけでしたか」といった。一週間、会わないと、もうすねて「あなたはどなたです」という始末であった。

父は賑やかなことの好きな人だった。だから、元気なときは仕事の関係もあって、宴会にあけくれていた。くいしん坊で大ぐいだったから、夕食のご招待は、はしごがたびたびだった。中華のフルコースを全部たべて、そのあと、日本食も全部たべたと自慢した。「石井さんの胃には歯がはえてる、と人がいうよ」と、いばっていた。

年をとり、病身になってからは、めったに外に出られず、母と二人で食卓につくのが淋しくて、よく子どもや孫たちを召集した。

おいしいもののわかる人で、なんでもよく食べた。しかし、九十歳すぎてからは少食になり、いままで好きだったものも食べなくなり、偏食になった。これなら大丈夫、というものは、なまものなら甘エビ、鯛茶づけ。酢のものでは、一位が「酢ばす」で、「はも皮きゅうり」、「白身魚の珍味づけ」

ごぼうが好きだったから、柳川、牛肉やあなごの柳川ふうは及第だった。中華料理も好きで、ふかひれの姿煮には目を細めたものだった。

ご飯のおかずにマーボー豆腐もよく作らされた。しかし、亡くなる一年前は、エビのチリソース専門となり、他のものには手をつけなくなった。玉子は甘辛いいり玉子、うんとお砂糖の入った玉子焼きが好きだった。年とともに舌が荒れたのか、にぶくなったのか、味が濃くないと駄目だった。なににしてよいか分らなくなって「なにが食べたいの」と聞くと、たいてい「すきやき」と答えた。若いときあこがれて、感激してたべた「すきやき」は、いつまでたっても食べたいご馳走のようであった。

その「すきやき」も、ふつうの味ではもの足らない。甘辛く、まるでつくだ煮のように煮ないと食べなかった。からだによくないのは分っていたけれど、少ししか食べないのだし、たべないよりは、と思って作った。食事の終りは必ずお茶づけをした。おかゆのときも濃い煎茶をかけてたべた。お相手は奈良づけ、それから小魚のつくだ煮ときまっていた。

久留米で育った人だから川魚が好きだった。

あるとき、四角に切った焼のりの上にスプーン一杯のご飯をのせて、その真中に浅づけのおつけものを細く切ったのをのせ、手で巻いてみた。小さな小さなのりまき。それが気に入った。小魚やこぶのつくだ煮を入れたり、奈良づけの薄切りを巻いたりした。全く食欲のない日も「のりまきなら食べようかな」といった。

そんなとき父は、「家元さん、お願いします」といって母に作らせた。肩をもむときも、「家元さんが一番だ」と母をほめた。母は十年近く病床にあり、入、退院を繰りかえしていたので、父の看病は出来なかった。そんな母を「家元さん」と呼んで何かちょっとした用をさせたのは、母への思いやりだったのだと思う。

父は家にいないことが多かった。ゴルフウイドー、母子家族、と母が嘆くのをよく耳にした。私たち姉弟四人が無事に育って社会に出ていけたのは、家を守っていた妻のおかげと父は感謝していた。妻の有難さは年とともに身にしみるようであった。明治の男だから愛情の表現は下手だったが、遺言には「次の世でも私の妻になって下さい」と書いてあった。

父は、心の広い大きな人だったが、こまかい気くばりのある人でもあった。

毎日、読み切れぬほどたくさんのパンフレット、グラフ、週刊誌、月刊誌がとどく。父は一度目を通すと、あとは子どもや孫たちに、ていねいに分けてくばった。経済誌は弟に、ゴルフの雑誌は、ゴルフ狂だった私の夫に、料理ものは私に、といったふうであった。外でご馳走になると、そのメニューをもって帰り、私にくれた。

地方や外国へゆくと、まめにハガキを書いてくれて、当人が帰ってきたあとからとどくこともあった。

札幌からきたハガキは、サケ漁の絵ハガキで「好子がいたら目をかがやかすような海産物の数々がある、お土産を買いました」とある。ウィーンから来たハガキには「好子好みの仔牛の料理をたべました」とあったが、父はあまり仔牛の料理は好きでなくて、私が作るといつも少しがっかりしていたからだろう。

ミュンヘンからのハガキには「街のレストランでソーセージ料理をたのしんでおります」とあった。楽器のついた絵ハガキもあり、「これはババリアの楽器です。芸人がシューベルトの小曲をひいてくれました。可愛い音でした」と、私が歌手であることも忘れぬ心づかいだった。

父は、九十三歳で亡くなった。夫につづいて、一年の間に二つのお葬式を出した。私はなにもかもいやになって、朝起きるのもめんどくさかったし、本も読めず、字も書けず、台所に入ることもなくすごした。

夫の一周忌がすんだとき、どこか遠くへゆこう、と思った。

＊

数年前に、エールフランスの人から「東京、ニューオルリンズ、タヒチの間に線が開きましたよ」といわれたとき、タヒチの海、ニューオルリンズに行ってみたいな、と思った。

そのときのことを思いだし、漠然と旅に出るならと、ニューオルリンズとタヒチへ行くことにした。ニューオルリンズへは、そんなことで、一人旅でなく、友人たちをさそってゆくことになった。

何も知らずにきめたその期間が、たまたまマルディ・グラのお祭りだった。マルディ・グラは「カーニバルの最終月の火曜日」の意味で、カトリックの祭日である。フランスでは静かにミサなどあげているふうだったが、かつてフランス領であったニューオルリンズでは、このお祭りは、華やかに賑やかに、街中が熱狂するカーニバルとして残った。

リオのカーニバルは有名で、映画やニュースなどで見たこともあるが、それの小型で、お祭りは十日もつづく。最後の日は、朝から夜まで、大きな山車《だし》が、大通りを次から次へとパレードしている。山車はいろいろあるけれど、さすがジャズの発祥地ニューオルリンズだけに、デキシーを演奏したり、ジャズを演奏したり歌ったりしていて、とても楽しかった。

山車の上には、お姫様や騎士やジャンヌ・ダルク、ときには怪獣やおばけ、骸骨、海賊に人魚にピエロと、衣裳やメーキャップに工夫をこらした人々が乗っていて、ニッケル銀貨や色とりどりのネックレスをなげる。これを拾う人で、道はそれこそ大変なさわぎだが、その人たちもそれぞれおかしな衣裳を着て、顔には大げさなメーキャップをほどこしている。

毛ずねを出した男の尼さん姿、アラブ人、土人、昔の貴族、ピーターパン、けっこう暑いのに、ぬいぐるみの犬になっている人もいた。

ニューオルリンズがフランスの支配下にあった頃の家は、火事で焼けてしまい、いま残っているのは、その後、スペイン領になったときの建物である。三階建てで、二階にバルコニーがついているクラシックな家並のつづく〈バーボン・ストリート〉は、〈バーボン・ストリート・パレード〉というジャズの名曲にも歌われているが、フレンチコーターとよばれる地区にある。

そのあたりは、七十歳以上の老楽師達が、板ばりの教室のような部屋で、なつかしいジャズを演奏しているプリザベーションホールをはじめ、たくさんのジャズ小屋、ストリップ小屋、おみやげもの屋、レストラン、バーが軒をつらねていて、人通りがたえない。

プリザベーションホールでは〈聖者の行進〉を聞いた。亡くなったジャズボーカルの先輩水島早苗さんが「あの歌はね、お葬式のとき歌う歌なのよ」とおしえてくれた。「聖者たちが行進してきて、お前も仲間に入りなさい、と言ってくれるので、私も仲間に入って行進してゆきます」と歌っている。ジャズ葬のときは、このマーチを演奏し、歌いながらヒツギのあとをついてゆくのだそうだ。

「私ね、ニューオルリンズでジャズ葬に参加したことあるのよ」、水島さんはとても得意そうに、嬉しそうに話した。「聖者の行進を歌いながら、踊り歩くの。私、着物着てうちわもってついて行ったわ」

水島さんが亡くなったとき、私達流にジャズ葬でおくることにきめた。弟子たちがヒツギをかつぎ、デキシーランダーズ楽団が〈聖者の行進〉を演奏して霊柩車まで運んだ。水島さんも夫も、聖者の仲間入りをしたかしら、プリザベーションホールの人いきれの中で、私は涙ぐんでしまった。

＊

ニューオルリンズは、他の都市とはちがった歴史をもっているだけに、料理のほうも一味ちがったものが食べられた。オイスターバーという看板があちこちに出ていた。のぞくと、入口で、前かけをしめたおじさんが、生かきをこじあけている姿がみえた。ちょっと、パリの魚専門店をのぞきみるようであった。

ニューオルリンズという街は、近代的な場所と、フレンチコーターのような古いところが共存している。フレンチコーターの街幅は馬車の幅で、せまくて混雑していた。二十四時間あいているバーもあるせいか、酔っぱらいも多く、お祭りのせいだけでなく、あまり清潔な感じではなかった。

そんなところで生かきなどはちょっと気味悪く思ったけれど、同行の友人がどうしても食べるというので、一つだけ試した。まず疑い深く、からつきのかきを鼻の前まで持ってきて匂いをかぐと、さわやかな海の匂いがしたので、安心して食べた。日本のかきより少し小ぶりで、日本のが灰色がかっているのにくらべて、ニューオルリンズのは、うすいベージュであった。

かきフライというのは日本料理ではないかと思うほど、他の国ではお目にかからない食べものである。長いことパリに住んだが、かきフライをみたことはなかった。アメリカでも食べたことはない。しかしニューオルリンズでは、どこにもかきフライがあった。ただ、フライといっても、パン粉が焼きパン粉を使うせいか、それとも玉子をくぐらせないのか、焼きパン粉つきから揚げといったふうのものだった。コロッケもそうだったし、カラまで食べられる変ったカニのフライも、日本のフライとはちがって、カラッと揚がっていて、それはそれなりにおいしかった。

かきの名所らしく、かきのチャウダー、それから〈かきのロックフェラーふう〉というのが、たいていのメニューにのっていた。このロックフェラーふうというのは、かきの身とマッシュドポテト、パン粉をまぜてねりあげたスタフィングのようなものを貝皿にのせて、かきの身のように飾り、天火で焼いた料理だった。なにで味をつけるのかよく分らないが、なかなか複雑な味でおいしかった。

オイスター・ドレッシングというソースがあり、お米の料理にはこれをかけて食べた。このソースは、ピリッと辛くて、かきの香りがした。

中華料理にも「かき油」というのがあることを思い出し、「かき」は火を通すとぐっと味のでる貴重な食品であることを改めて知らされた。

＊

ジャズをききにいった帰り、奥深い細長いパティオ（中庭）がレストランになっていて、とてもよい雰囲気なので入ってみた。

クレオール・コートヤード・レストランとあった。ニューオルリンズには、美しい中庭のついている家が多い。ホテルやレストランにも、石だたみをしいた中庭、小さい池や噴水のある可愛らしい庭があった。クレオール・レストランは、横が高いレンガ塀の、細長い中庭のあるレストランで、反対側はペンションになっているようだった。

塀の上に、丸いお月さまが出ていた。ローソクの火にメニューをかざしながらえらんだクレオール料理は、私たちにはとてもおいしかった。

クレオールとは、フランス人と土着の人、スペイン人と土着の人との混血のことをいう。クレオールふうという料理は、フランス、スペイン、アメリカの入りまじった料理という意味だろう。

ここでは、ゆでたザリガニ、ニューオルリンズふうのクリームスープ、クレオールふうの魚、クレオールふうの芝エビ、それから、エビのジャンバラヤというのを食べた。ジャンバラヤなどというと、なんだか歌の題名みたいだが、具がたくさん入って、ぜいたくなピラフで、ニューオルリンズでたべたものの中で一番すてきだった。

ジャンバラヤのなかには、みじん切りの玉ねぎ、セロリ、ベーコン、ハム、ソーセージ、それに芝エビが入っていた。スペイン料理のバレンシア風ご飯によく似ていたが、あまりおいしいので作り方を聞いた。

野菜とハム、ベーコン、ソーセージはみじん切りにして、深なべの中でよくいためる。ニンニクも入れたほうがおいしく、塩コショーでしっかり味をつけ、お米を入れてトマトジュースで煮るのだそうだ。出来上る直前、別にいためておいた芝エビを入れれば、エビのジャンバラヤ、トリを入れればチキン・ジャンバラヤとなる。うすいトマト色のご飯の中に、いろんなものが入っていて、色もきれいだったし、味も深かった。

魚のクレオール、エビのクレオールも、白いご飯の上に、トマトソースで煮こんだ切り身の白い魚、エビがのっていて、その上から香り高きかきのドレッシングをかけるのだ。

＊

ニューオルリンズの人は酒のみです、と、ここに長年住んでいる人がいった。

朝食で有名なブレナンというレストランへいってなるほどとおもった。朝食といってもブランチ（朝食兼昼食）の店である。店を入るとまずスタンドバーがあり、その先は大きな美しいパティオだ。

二階建てのレストランに三方を囲まれ、正面は高いレンガの塀だった。考えてみたら、昨夜行ったクレオール・レストランの向い側にあたるのだった。そのパティオには、三十くらいのテーブルと椅子がおいてあって、五十人もの男女が順番によばれるのを待っていた。カーニバルでなくても常に満員で、必ず待たされるのだそうだ。

皆のんびりとあせらず、たいていの人がジントニックや、ブラッディメリー（ウォッカとトマトジュースをまぜたもの）、ビールなど片手に、陽をあびて、幸せそうに待っている。

メニューには「おいしいたべものには時が必要です。もし私たちがあなたを待たしたら、それはあなたに、よりよいサービスと楽しみをあたえるためです」と書いてある。反対側のページには「ブレナンの朝食でお酒を飲まないなら、それは陽のささないくもり日のようなものです」とも書いてあった。

だから、まずメニューのトップは「目をさますために」とあり、アブサン（フランスの強い地酒）入り牛乳。アブサン入りバーボンウイスキー。細かい氷にそそいだジンとアブサン。とおそろしい。少しおだやかになって「ミモザ」と称するシャンペンのオレンジジュースわり、甘くて赤いカシス入りの白ワインなどが並んでいた。朝食といっても、なんとも独特で不思議な朝食で、メニューも変っている。

オイスタースープ、クレオール・オニオンスープ。朝からニンニクのきいたエスキャルゴもあり、ステーキ、ハムステーキ、トリレバ煮こみ、かきフライとつづく。しかし一応「朝食」と銘うっているだけに玉子料理が多かった。

パンは焼きたてのフランスパンでおいしく、バタはクリームバタだった。この生クリームとあわせたようなふわふわで柔らかいバタは、近ごろのはやりのようで、昔とちがってどの都市でもこのバタであった。

私はほうれん草入りのオムレツをたのんだが、友人の一人は、なににでもいどむタイプなので、せっかくここまで来たのだからと、昔から伝わっているという〈ブレナンの朝食〉を注文した。

はじめが、「目ざまし酒」としてお酒入りのミルクパンチまたはブラッディメリー。つぎに焼きリンゴに生クリーム。次がハザードふう玉子とあり、黄色いソースがかかったポーチドエッグ2コ、そのわきにベーコン、焼きトマトがそえてあって、どろっとしたワインソースがかかっていた。なんともひどくしつこそうで、ボリューム満点の一皿だった。

ソースはオランデーズと書いてあったが、フランス料理のオランデーズソースとは少しちがって、むしろ日本料理の黄味酢のような色をしていたし、ちょっとなめさせてもらったが、オランデーズのしゃれた味よりむしろマヨネーズ的であった。

そのあとは、この店の売りもののバナナとイチゴのデザートだった。給仕がテーブルのそばで小口切りのバナナとイチゴをバタでいため、シナモン、砂糖をふりかけ、ラム酒をふり入れ、アイスクリームの上にこれをのせてだす。

「私、こういうものに弱いのよ」と拒否したが、一口たべたら、つめたいアイスクリームと焼きたての果物のアンサンブルがとてもおいしくて、みんな食べてしまった。コーヒーをたのんだら「モーゼルワインのほうが合いますよ」といわれた。すぐ昼寝でもしたくなるような朝食であった。

ニューオルリンズの食事は、フランスのものがニューオルリンズ化されていて、他の都市では食べられないものの多いのがたのしかった。フレンチコーターを通って、ミシシッピー河のほうへ歩いてゆくと、波止場のそばにフレンチマーケットがあり、そこにおいしいドーナッツがあると聞いて、出かけていった。

＊

ミシシッピー河は、思いもかけぬ程、すぐ近くを流れていた。どぶ色をした大きな河。これがかつてショーボートの通った河なのか。「オールマンリヴァー」と黒人たちに愛されて歌われた河なのか、私は、なんだかなつかしいような、少しがっかりしたような気持で、その河を眺めた。

ドーナッツは丸くて穴があいているドーナッツではなく、細長い四角で、パウダーシュガーがたっぷりふってあった。名前もドーナッツではなく、フランスの揚げ菓子「ベニエ」と称していた。

丸いドーナッツが柔らかいのにくらべて、ベニエは外側がカリッと揚がっていた。カーニバルの賑やかなさざめきに混って、ピーピーと消防車がサイレンを鳴らして走っていった。

「〈欲望という名の電車〉を思いだすわ」と友人がいった。そういえば、エリア・カザンの監督で映画化された戯曲の舞台は、このニューオルリンズだった。

翌日、郊外にドライブした。高級住宅地の家は、白ぬりの二階建てで、前庭は広い芝生だった。〈風と共に去りぬ〉のモデルハウスになった家の前も通った。長い裾をひいたスカーレット・オハラが、戸口から出てきても不思議に思えないような雰囲気が、まだじゅうぶん残っていた。

ニューオルリンズとは、夢みたとおりの街ではなかったけれど、またもう一度行ってみたいと思う、心にふれる街であった。

ナスのキャビアとムサカ

私はナスが大好きだ。

ナスのおつけものはのどにわるい、声にわるいという人がいる。紫色に漬かった、ちょうどたべごろのおつけものをがぶりと頬ばったとたん、「歌う方なのに、そんなもの召上ってよろしいのですか」といわれて、がっかりしてしまった。ナスを食べなくても、勉強しなければ声は悪くなる。ナスを食べたら声が悪くなり、歌えなくなるようでは、歌手ではない。

イヴ・モンタンが来日したとき、大使館の昼食会に招ばれた。幸せなことに、私は彼の隣席であった。香料のきいた蒸した魚の料理がでて、そのあと、とてもおいしいコッコ・オ・ヴァン（トリのブドー酒煮）がでて、デザートはアイスクリームだった。私はフランスにいるとき、アイスクリームを食べるたびに叱られた。

「歌手なのに、そんな冷めたいもの食べるんですか」

「やめたほうがよいですよ」

そんなことを日本でいわれたことはなかったのでおどろいた。フランス人は冷めたいものは声帯に悪いときめていた。

モンタン氏はおいしそうにアイスクリームを食べた。

「よろしいんですか」と、ふざけ半分に聞いたら、私と同じように、「アイスクリームを食べただけで歌えないのなら、歌手になる資格はありませんよ」と笑った。

＊

家人が庭仕事を好むので、春にはバラが咲き、梅雨の頃はあじさいの盛りだ。野菜作りもはじめていて、しそ、パセリは、自家製でまにあう。かぼちゃのつるは、ベランダから庭へおりるわずかな石段の上を這っているし、軒先には、ひょうたんが下っていて、けっこうな眺めだ。

ナスは、おどろいたことに、小さい小さい鉢で作ったのに、八百屋さんで売っているナスより大きくみずみずしいのができた。ナスを焼いていて、ふと、〈貧乏人のキャビア〉を作ってみようと思いたった。

これは、パリにいたころに、下宿していたロシア人のマダムがよく作ってくれたナス料理だ。「キャビアを食べられない人は、これで間に合わせるの」といった。

ロシア語で、〈バクラ・ジャン・ナヤ・イクラ〉という。おかしなことに、ソ連に行って「イクラを下さい」といえばキャビアがでてきて、「キャビアを下さい」というとイクラがでてくる。この二つのことばは、どこかで入りまじって日本に伝わってきたらしい。

ナスのキャビアは、とろっとした舌ざわりで、本物のキャビアとは一味ちがうが、すばらしい味である。おいしくておいしくて、感激して食べるので、マダムは、ときには、たくさん作ってビン詰にしておいてくれたから、半月くらいは楽しみに食べた。

作り方もむずかしくない。

皮つき、丸のままのナスを、強火で焼く。皮をむいたら、ザクザクに切っておく。ナスが5コとしたらセロリ半本、ピーマン小1コ。玉ねぎ半コ、トマト少々入れてもよい。野菜はこまかいみじん切りにして、ナスもいっしょにして、汁気がきれるまで油でよくいためる。いため方が足りないと、ぐじゅぐじゅしておいしくない。

そのあと、まな板の上にあけて、トントントントンと庖丁の刃でたたいて、ペースト状になったら、フライパンにもどして、塩、コショー、トマトケチャップ少々で味をつける。冷えたところを、うす切りのカリカリに焼いたトーストにのせて食べる。

野菜だけなのに、なんともいえぬコクがあり、あまりのおいしさにびっくりされることと思う。オルドーブル、お酒のおつまみである。キャビア風なのだからウォッカにもよいし、冷めたく冷やした白ワインともすてきに合う。

このナスキャビアは、ガラス器によそってもよいが、お客様に出すときは、深めの平たい皿にぺったりぬりつけて、その上をフォークで形よくならすと格好がよい。

＊

ナスのキャビア風と、見たところは大分ちがうが、フランスではラタトゥイユという野菜のごった煮がよく食卓にのる。これは、クルジェット（イタリーではズキニ）という瓜の一種を使うが、日本ではまだ手に入りにくいので、ナスを代用して作るとなかなかおいしい。

四人前として、トマト（うれたもの、またはカン詰のホールトマト）5コ、玉ねぎ2コ、ナス6コから8コ、ピーマン2コ、じゃがいも2コ、ニンニク3片、赤とうがらし3本、パセリ少々を用意する。トマトは皮をとり、らん切り。玉ねぎも大きめのらん切り、ナスは厚めの輪切り、ピーマンは、タテ二つ切りにして種はとりのぞく。じゃがいもは皮をむき、やはり大きくらん切り、ニンニクはうす皮をむいて輪切りにする。

大きな厚なべにオリーブ油かサラダ油をたっぷり入れて、ニンニクをまず入れ、その他の野菜を入れて、塩コショーをしてこんがりいためる。最後に赤とうがらしをのせ、パセリは茎のまま、月桂樹の葉をのせ、しっかりふたをして、中火で約一時間、煮る。

出来上りの野菜は、くたくたで格好わるく、「これでよいのかしら」と思われるかもしれない。しかし、そのくたっとなった野菜の、たがいにからみあった味がなんともおいしいのだ。これはあっさりした野菜煮で、肉料理のつけ合せだが、私は、よくあたたかいご飯の上に、ラタトゥイユをのせて食べたものである。

歌手のイベット・ジローは「私はね、煮あがったラタトゥイユを一度ミキサーでひいて、どろどろにしていただくの」といった。それは南仏風らしく、どろどろにしたのを、パンにつけていただくらしい。

イベット・ジローは料理上手で、本を出したが、イタリーのソフィア・ローレンも料理の本を出している。そのなかで、大好きな〈ナスのフライ〉というのがある。日本式フライより、むしろ天ぷらに似ていてなかなかおいしい。

ナスは半センチのうすさに切って塩をふり、ならべて上から二、三時間ぐらい重石をする。ナスが塩をすって、押されてしんなりとする。一度水にはなして塩気を洗い、ていねいに一枚ずつ水気をふきとる。

玉子の黄味をといたなかにナスをくぐらせ、メリケン粉をまぶしてカラッと揚げる。なんでもない一品だけれど、酒の肴にもなる、オルドーブルにもなる、おしょうゆをかけると、ちょっと日本的なおかずになる。

＊

スタフド・トマト、スタフド・ピーマンなどという、ひき肉を詰めて焼く料理があるが、おんなじようにして作った〈スタフド・ナス〉もおいしいものだ。これにもいろいろなやり方があるようだが、私がよくやる方法は、大きいナスをさがして、へたは切り落さず、タテ真二つに切る。

フライパンに油をひき、皮のほうをいためる。さめたらナスの身をくりぬき、みじん切りにする。それをみじん切りの玉ねぎと共にいため、さらにひき肉をいれていため、塩コショーで味をつけて、ナスの皮にきれいにもどす。その上にカットチーズをたっぷりのせて天火で焼く。

ナスのポロネーズ風もおいしい。ナスは皮をむいて、少々水にはなってアクをぬき、水気をふきとる。フライパンにサラダ油を熱し、ナスの全面をこんがり焼く。トマトソース、またはミートソースの中で、このごろっとした丸ごとのナスをほんの少し煮てお わり。出来上りには、粉チーズか、みじん切りのパセリをかけて下さると味がひきたつ。

ちょっと変ったところでナスカレー。

これは、夏向きのさっぱりしたカレーである。カレーの作り方はいろいろあり、各人各様それぞれの作り方で作っている。「カレーは私の自慢料理です」という男性も意外と多い。そして、そのような方たちの作り方は非常にこっている。私たち毎日台所へ入るものは、あまりこらずに、自分のペースで作れるのがありがたい。

私の作り方は厚い深なべにギー（羊の乳油）を入れる。これはインド料理屋さんでわけてもらえるが、ないときはサラダ油を使う。ギーでニンニクとみじん切りの玉ねぎを炒める。

カレー六人前として、ニンニク2片、玉ねぎは6コ、玉ねぎは、たっぷり使うのがおいしい。これをたんねんに、狐色になるまでいため、そこへ、塩、コショー、そしてカレー粉を入れる。そしてさらに、カレー粉が少しこげるまでいためる。

別にトマト1コ、ナスを12コ用意して、トマトは皮をむき、みじん切りにして、なべに入れ、形がなくなるまでよくかきまぜる。そのなかに、らん切り、または輪切りのナスを入れて、よくまぜてから、火をよわくして、ことことこげつかさぬように煮る。この場合、野菜から汁が出てくるので、スープなど入れなくとも大丈夫だ。

もうそれで出来上りだが、いただく前にレモン汁、または甘味をつけていないヨーグルトを少々入れると味がきまる。リンゴのすったのを入れる方もあるが、要するに、少々の酸味が加わることによって、カレーは味がひき立つのだろう。

本当はそんなこと言いたくないけれど、夏の暑い日、ものうくて料理をする気にもなれない方は、それでもちょっとがんばって、野菜のカレーを作るとよい。玉ねぎをいためるのがめんどうくさいのなら、仕方がない、ナスとトマトをいためて、それをルーでのばしても、なんとかいただけるものである。

＊

ナスのムサカを、一度つくってみたいと思っていた。

ムサカはギリシャやトルコの料理ときくが、作り方は二種類ある。どちらがギリシャ風でどちらがトルコ風なのか知らないが、チーズをたっぷりのせてグラタン風に作るものと、ナスの皮を上手に使って、まるでケーキのように型作り、トマトソースでいただくのとある。パリにいた頃、友人が作ってくれたケーキ風のムサカを、料理のレパートリーに加えたいと思いながら、なんとなくめんどくさくて作らなかった。

台風の余波でしとしと雨の降る、うすら寒い避暑地の退屈まぎれ。ナスを10コ買った。あいびきのひき肉百50グラム、トリひき肉百50グラム、そのほかに玉ねぎ半コ、トマト1コ、パセリ少々、パン少々、玉子1コ用意した。まず、ナスはタテ二つ切りにし、水につけておく。そのあいだに、玉ねぎはみじん切りにして、油でいため、塩コショーしておく。パンはヒタヒタのミルクにつけておく。

フライパンに油をたっぷりひいて、水気をとったナスを、弱火でゆっくり両面焼き、さめたらサジで身をくりぬくか、皮をやぶらないようにはぐようにむく。そして、グラタン皿の真中からふちにかけて、皮が外側になるように、まんべんなく貼るようにくっつける。くりぬいたナスの身はみじん切りにする。いためた玉ねぎ、生まのひき肉、玉子、ミルクにつけてしぼったパン。トマト、パセリのみじん切り、それと中味のみじん切りナスとまぜ合せ、塩コショーで味をととのえる。

ここへ、トリの固型スープをくだいて少し入れる。それを、ナスの皮のはりついたグラタン皿の中にしずかにあける。湯煎で天火に入れるのが本格的というが、家の台所は、天火を使うとストーブをたいたごとく熱気につつまれるので、夏場は敬遠して蒸器で蒸す。一時間弱。出来上ったら大きなお皿にさかさまにあける。

いったい、これはなにかしら。とおどろくような、ナスの皮ばりケーキみたいなものが出来ている。蒸したから少し汁がでるので、それは捨てた方がよい。大皿のまわりには、トマトソースをたっぷり添える。いただくときは、ケーキを切るように、真中に刃を入れて六つか八つに切る。

外側はナスの皮だが、蒸してあるから口あたりも悪くなく、中はやわらかい、得もいえぬ味の肉のプディングである。トマトソースをつけていただくとき、ギリシャの蒼い海、青い空がお皿ごしにみえるような気分になる。

ちょっと手のかかる料理だけれど、それだけ効果もある。中身はそれぞれ、自分の好みで作られるとよい。ニンニクやセロリ、ピーマンのような、匂いの強いものを入れる方もあるようだ。香料をたくさん入れると、エキゾチックな味になる。

肉は本場では羊のひき肉を使うらしいが、わが家は年寄りの集まりなので、トリのひき肉だけにしたり、あいびきとまぜたりしている。口あたりをやわらかくするためには、パン粉を使うか、ミルクに浸してしぼったパンを入れるが、いろいろ工夫して、好みの味のムサカを考案してほしい。

私は自分流に考えながら、初めてムサカにいどんで、とても楽しかった。しかし、それ以上に、大皿にのった、トマトソースのなかに浮かぶナスのムサカをテーブルにのせたとき、

「アーラ、すてき」

「それなに？」

「ウワー、おいしそう」

という讃嘆の声が湧き、そして切りわけて食べてもらうときのうれしさが格別であった。

夫の味とわたしの味

「今夜は何にするの」と、お手伝いのひろちゃんに聞いたら、「ロールキャベツのグラタンを作ろうと思います」と答えた。一瞬、私はとまどい、「ロールキャベツね、あまり食べたくないわ」と言ってから、「あれはダンナ様の好きなものだったから」とつけ加えた。

夫は、ウイルス性白質脳炎という恐ろしい病いにとりつかれ、三カ月の闘病の末、亡くなってしまった。ダンナ様の好物だったから、悲しくて辛くて食べられない、嬉しそうに食べていた姿が目にちらついて食べられない。しかし、それだけではなく、私はロールキャベツのグラタンには飽きてしまっていたのだ。そのことに、私はちょっとおどろいた。

ひろちゃんが里芋を煮ていた。私はためらいながら、「もう里芋は煮なくてもよいのよ、私は食べないのだから」とも言った。

十年前、胃の手術をして以来、夫のたべものはずいぶん変った。それまで好きだったシチューや煮こみ料理は、あまり食べなくなった。手術をした中山恒明先生が、「術後はお芋が一番、うどんやそうめんなんかもよいよ」といわれたそうで、その言葉を忠実に守った。

「焼きイモー、石焼き芋ー」という声がすると、買いにゆかせた。そして、焼きたてのほかほかにバタをぬり、塩をふって食べた。焼き芋、ふかし芋、焼き栗、ゆで栗、里芋、じゃがいもの煮っころがし、うどん、そば、そうめん、スパゲティなどを、自分に合うものときめていた。太りたくない私には、全く合わないたべものだった。偏食だったから、献立を考えるのは一苦労だったが、これしか食べない、ということが分ってからは、同じ献立が十日に一ぺんずつ食卓にのるといった感じになってしまった。

たべないものがたくさんあった。ねぎ、ピーマン、しょうが、ニンニク。だから湯どうふをしても、けずりがつおだけかけて食べた。私はお刺身が好きだが、彼はお刺身はたべなかった。「生まものはお腹をこわすと、母親が言ったからだ」とじょうだんまじりに言った。

たしかに私たちの子どもの頃は、生魚は危険だと、子どもに食べさせない親が多かった。が、私は長じて反動的にお刺身を好きになった。たまに私がお刺身を食べていると、それを二、三きれ取って、わさびじょうゆにつけて、お茶づけにして食べはした。

甘鯛、かじきまぐろ、ぶりのような身の柔らかい魚は嫌いで、タラばかり食べていた。たらちりをはじめとして、タラのホワイトソースかけ、あるときは、ゆでて、みじん切りにしたほうれん草を、ホワイトソース和えしてグラタン皿に敷き、その上にゆでたタラ、ゆで玉子の輪切りをのせ、ホワイトソースをたっぷりかけて天火で焼いた。フローレンス風とでもいうか、このタラのグラタンは、ロールキャベツのグラタンと共に彼の好物で、みた目もよかったから、お客さまのときにもよく作らせられた。

「小さいときから赤いおとと、赤いおとと、と言って鮭が好きだった」と姑が語ったが、鮭とタラならまず合格なのだった。甘鯛の酒むしをポン酢で食べるおいしさ。かじきまぐろはつけ焼きで、たっぷりの大根おろしと。塩ぶりはゆでてあんかけにする、すりしょうがをきかせてたべるおいしさ。そんなものは味わってもらえなかった。「あとでね」といって箸をつけない。そして、「あと」は絶対にこないのだった。

*

私はあんかけが好きだ。お豆腐のあんかけ、かに玉のあんかけ、かぶら蒸しのあんかけ。二人でおそば屋に入り、もりそばか天ざるをつるつる食べる彼のかたわらで、私は不粋にあんかけうどんを食べ、「あんかけを好きというのはどうしてもわからない」となげかれた。

結婚した当初のことである。煮ものなどを作るとき私は気をつかった。彼の母親は関西の人で、料理がうまかったからである。無理をして、うす口じょうゆでうす味に煮た。「うん、しゃれた味つけだね」「関西風でさっぱりしてよいな」と夫はいった。私の父は九州の出で、濃い味が好きだ。ちゃんと塩コショーで味をつけてオムレツを焼いても、味みをする前から、ソースのみならず、ケチャップまでかけて食べる。「せっかく作ってもがっかりよ」そんな話を、彼は笑って聞いていた。

ある日、私は、ついいつものように、濃い味で煮ものを作ってしまった。「いやだったら食べないでね」と言ったが、いつもよりおいしそうにみな食べて、「関西風よりも、ぼくはほんとは濃い味が好きだ」と言った。結婚して半年もたって、私ははじめて彼の好みを垣間みたのだった。

ある日、父と一緒に朝食をした。例によって、私の作ったオムレツにじゃぶじゃぶとソース、ケチャップをかける父のあとで「じゃ、ぼくも」と、同じくソース、ケチャップをかけて食べはじめたとき、私は「ブルータス、お前もか」といった感じがなくもなかった。

花森安治先生が「男の味と女の味はちがうんだよ」と言われたことを思いだした。「デパートなどの食堂に行って、じっと見ていてごらん、男はカレーライス、女はチキンライスを食べるよ」と言われた。男性は辛味で女性は甘い味を好む、というたとえ話をされたのだった。そういうことをわきまえながら料理を作らなくてはいけないのだ。しかし、それをおさえて、夫の好きなものを考えるとき、ついつい、自分の好きなものが頭にうかぶ。「今晩はなににしよう」と考えるとき、ついつい、自分の好きなものが頭にうかぶ。しかし、それをおさえて、夫の好きなものを考える。それだけではまだまだで、味つけもまた夫好み、男の味にと考えなくてはならないのだから、台所を預かる身はたいへんだ。

誰でも年とともに食べものも変ってゆくものだが、身体が弱いだけに、それがはげしかった。ステーキやローストビーフの好きな人だったが、この二、三年は、うすい網焼き用の牛肉かひき肉しか食べなかった。それもほんの少ししか食べなかったし、いったい何を作ったらよいのか、何が食べたいのか、分らなくなることがたびたびあった。

私は料理好きだし、料理がうまいと人にほめられることもあるけれど、夫に関する限り、彼がほんとうにおいしいと思って私の作ったものを食べていたかどうか、いまでも大きな疑問である。

夫は九月の初めに入院して三カ月後に亡くなったが、その三カ月の間に、私は三十五周年のリサイタルを開いたのだから、精神的にも肉体的にもとてもきつかった。食べたくなくても、食べてがんばらなくてはならない。心のあたたかい友人たちがときどき元気づけのためにおいしいものをたべにつれていってくれたので、どうやら乗り切ることが出来た。

だいたい胃腸が丈夫なのだ。どんなに打ちのめされ、うちひしがれていても、目の前にご馳走が出てくれば、食べるのだ。泣きながらだって食べる。

「大丈夫ですか」「しっかりしてね」といわれるたびに、私は、いささかやけ気味に、しかし涙声で「胃腸で勝負」と答えた。

＊

いま、家で食事をするときは、ひろちゃんが「何にしましょう」と、聞きにくるが、いままでのように決まったメニューで作る必要がないと、いったい何を作ったらよいか分らなくなってしまった。

「そうね、トリでも食べましょうか」

夫は、昔はローストチキン、とりめしなどよく食べていたが、ある日プーンといやな匂いがしたと言って以来、すっかり手をつけなくなった。だから、この十年、トリは食卓に上らなくなっていた。

骨ぬきのももを買ってきて、塩コショーをふって、油、バタ半々で、こんがりいため焼きにした。上りぎわに、ブランデー少々たらした。久しぶりに食べたせいか、とてもおいしくて、次の日もまた食べた。ブランデーではなく、レモン汁をさっとふりかけても、さっぱりした味になってなかなかよかったし、塩コショーのほかに、ロシア料理タバカを真似し、パプリカをふってたべたりした。

そのうち、いため焼きにあきて、ある日ノルマンディー風に作ってみた。これは仔牛で作るのが本格的だが、豚の切り身、トリ、若ドリ、どれでやってもとてもおいしく出来る。

トリのももか手羽を二つにそぎ切りにして、塩コショーをしてから粉をふる。マッシュルームは石づきをとってから、とんとんと五つに切った。なまのマッシュルームにこしたことはないが、なければカン詰を使ってもよいし、しめじを代用してもよい。フライパンにバタをとかし、トリをこんがりと両面いため焼きにする。出来ればブランデー少々ふりかけると、パッと炎があがり味がよくなる。ふたをして、なかまでよく火を通してから器にとり出しておく。フライパンの油は一度捨てて、そこにバタ少々入れて、マッシュルームをいため、塩、コショーで味をつけ、そのなかにトリをもどして、生クリームをひたひたまでそそいで、煮たたせて出来上りである。

トリに粉がまぶしてあるから、それがとけてとろっとしたソースになる、しゃれた料理である。つけ合せは、フランスではヌィユという、スパゲティのようなめん類と決まっていたが、ご飯にもよく合う。

「こんな簡単に、こんな素敵なお料理が出来るんですね」「なぜ今までお作りにならなかったんですか」と、ひろちゃんは、いぶかしげに聞いた。

「ダンナ様が食べないものね」と、私は答えた。

＊

私が好きなトリ料理は、ほかにいくつもある。その一つがトマト味の〈トリのぶつ切り煮込み〉である。

トリ一羽をぶつ切りにしてもらい、塩コショーをしておく。ベーコン5、6枚、二センチ幅に切る。玉ねぎ2コは、あらいみじん切り。人参2本も、タテに切ってから、一センチ幅の半月切りにする。セロリ2本、一センチ幅の小口切りにしておく。

厚手のなべにサラダ油とバタ大サジ3杯ずつ入れて、ベーコンを入れていためる。ベーコンがいたまったらとりだして、こんどはそこへトリを入れて、こんがり色づくまでいためる。トリも器にとり出して、なべに野菜を入れ、いためたら、出しておいたベーコンとトリをなべにもどす。

そのなかに、メリケン粉大サジ2杯、パラパラとふって入れ、塩コショーで味をつけ、トマトピュレーを大サジ2杯、ワイン少々、水カップ1杯入れる。月桂樹の葉も1枚入れて、まず、強火で一度煮たたせてからふたをして、とろ火で約一時間、肉や野菜がやわらかくなるまで煮る。とてもおいしい、フランス人好みのおそうざいである。

〈コッコ・オ・ヴァン〉というトリのワイン煮は、主人は初めから手をつけなかった。

でも、私は友人を招いたときなど、ときどき作った。友人の間では評判がいい料理である。赤ワインで作ると、色がどぎつくなり、白いワインで作ると、こってりとこくのある、おいしいトリ料理が出来た。

「白ワインでするほうがあなたたち日本人向きよ」と教えてくれたのは、イベット・ジローだった。「白ワインだけできつかったら、水と半々で煮てもよいのよ」と言った。

トリ1羽を、10コぐらいに切る。小玉ねぎ10コ、マッシュルーム20コ、白ワイン、ブランデー少々を用意する。

トリには塩コショーをして粉をふり、油とバタ半々に入れた厚なべの中で、こんがりといためる。いため上ったら、ブランデー少々ふりかけ、火でもやし、トリの匂いを消す。その中に、ひたひたまで白ワインを入れ、皮をむいた小玉ねぎも入れて、とろ火でぐつぐつ四十分ぐらい煮る。

マッシュルームは、石づきをとり半分に切っておき、出来上る十分くらい前になべの中に入れる。これもトリに粉がついているので、自然のとろみが出ているが、もっととろっとさせたい場合には、コンスターチをとかして入れるとよい。「トリはパサパサしている」という方も多いが、このような煮こみにすれば、やわらかくねっとりと、口あたりもよくなる。

大皿のまん中に、出来上ったコッコ・オ・ヴァンをこんもりと盛る。そしてそのまわりにゆでたじゃがいもと揚げパンを交互に飾る。食パンなら、二つ切りにしたのをさらにはすに切れ目を入れて、三角形にして揚げ、棒パンならそのまま二センチの幅に切って揚げる。この揚げパンが、トリの味を引きたてた。

「これ、おいしいのに」

「ちょっと食べない？」

「一口だけでも」

などというと機嫌がわるくなった。「たべたくない」「たべられない」この二、三年は、そんな拒否反応が強かった。そしてそれを、じょうだんでまぎらわした。

「君は児童心理を知らないんだよ。『さあ、食べなさい、食べないと大きくなれませんよ』などと、食欲のない子に親が強制すると、子どもは悲しくなる、悲しくなるとますます食べられない。泣きたくなる。そうすると食べものがノドにつまる」

私はおかしがって、アハハハと笑って聞いていたものだが、案外、彼は本気だったのかもしれない。

＊

「お皿にどさっとのってきたら、もう見ただけで、お腹がいっぱいになる」という彼と、「お皿にどさっと出てこないと淋しい」と思う私では、いつも話がくいちがった。だから私は、それ以来、料理はたいてい一盛りにして出して、各自とりわけて食べるようにした。そうすれば彼は、自分のほしいものをほしいだけ食べられるからだった。

脂っこいものはいやなら、サラダならどうかと思うと、これがまた全くダメで、トマト以外、たべなかった。

「マッサージの先生が、サラダは身体を冷やすと言ったから」と、必ず注釈がついた。温野菜はよく食べた。人参もさやいんげんも芽キャベツも、よくよく柔らかく煮た。色よく生煮えに上げる、というのは日本風だが、フランス人は色など考えずよく煮る。ゆで上ったら湯を切ってバタをおとし塩コショーをして、なべの中でサッとまぜる。それが一番おいしい食べ方だけれど、なかなかタイミングがあわず、ゆでざましをバタいためすることが多かった。

丸ごとゆでたじゃがいもの皮をむいて、そぎ切りにして、フライパンに油を多めに入れていため焼きにする。まわりがこんがり、中が柔らかいのに、塩だけふって食べる。これは夫も私も好きな食べものだった。

カレーも十日に一度は作った。ご飯の上にカレーがかかってはいけないのだった。ご飯を横のほうに半分入れて、片側にカレーをそそいで、別々に食べる。考えてみれば、ずいぶん変った食生活だった。〈こりだすと、そればかり食べる人〉と思っていたが、それは身体が弱かったせいだったのだと、今になってしみじみとわかった。

この数カ月、朝食はそうめんときまっていたが、それが一番おさまりがよいのだった。昨年の冬は、たらちり、豚のしゃぶしゃぶ、かきの土手なべですごした。なべものにこったというより、なべものが身体に合ったというのが正しかったのだろう。この冬は、一度もなべ料理をしなかった。いっしょになべをつっつく相手がいなくなってしまったから。

東京の空の下オムレツのにおいは流れる

花森安治先生から「あなたは食いしん坊だから、料理の随筆を書いてみたらどうか」といわれたのは、昭和三十六年である。これは、戦後はじめて、パリで砂原美智子さんと同じアパートに住んでいたときのことを書いた随筆が目にとまっての話だった。

それには、私が、わずかな仕送りのお金で貧乏しながら、歌のレッスンに通っていた頃のこと、ときどきセーヌ河の岸に、砂原さんと二人で所在なく坐って河面をながめながら、「私たち、おなべでご飯炊くのはうまくなったけど、歌はどうなのかしらね」「いつチャンスがめぐってくるのかしら」と不安な気持で話しあったり、おなべで炊くとき、どうしたらうまくご飯が炊けるかなどが書いてあった。それから、私の料理随筆が、暮しの手帖に連載されることになった。

それがまとまって、三十八年に、花森先生の装幀で、とてもシックで可愛らしい本ができたのである。題は〈巴里の空の下オムレツのにおいは流れる〉である。これは当時、フランス映画〈パリの空の下、セーヌは流れる〉の主題曲がはやっていたので、シャンソン歌手の私に合うように先生がつけて下さった。

その題名の面白さが評判になり、買われた方も多かったのではないかと思う。当時はまだ料理随筆が無にひとしかったから、おどろくほど売れてベストセラーとなった。本の中にはオムレツのことばかり書いたわけではなかったのに、以来、私は、オムレツの研究家のごとく思われ〈シャンソンの石井好子〉から〈オムレツの石井好子〉に変じた。

本が出たあと週刊朝日の依頼で、あちこちのオムレツを食べ歩いた。一日じゅうオムレツをたべているわけにもいかないので、五日間出来るだけ食べて記事を書くことになった。

いまから二十数年前のその記事を読み返して、当時を思いだした。

一日目は、銀座の事務所から、レストランというより洋食屋さんのようなところにオムレツを注文した。とどいたのは玉子2コを使ったプレーンオムレツで、セン切りのキャベツが横について七十円であった。

仕出しべんとう屋にたのんだオムレツべんとうは、塗りのおべんとう箱にご飯が入って、その横に玉子1コで作った小さいオムレツがセン切りキャベツと一緒に入っていて、その上からジャブジャブとソースがかかって、ご飯の底のほうまで黒かった。百円。

つづいて、事務所の近くの小さいスナックに入り、オムレツをたのんだ。玉子2コで作ったプレーンオムレツに、ナス、ほうれん草、人参のバタいためが添えてあり、百二十円であった。批評家として観察しながらたべた三つとも、あまりおいしいとはいえなかった。

まず、玉子の白味を切るようによくかきまぜないので、黄味と白味がわかれていて、焼き上りが白、黄、まだらであった。フライパンの中でかき玉のようにかきまぜないのでかたかったし、出来たてでなかったから、つめたくて舌ざわりが悪かった。オムレツなんてものは誰にだって出来る、安くてケチな料理だと、コックさんがバカにしながらいい加減に作ったような感じがした。しかし値段には感激した。七十円、百円、百二十円。

いまそのお金で、いったい何が食べられるだろう。同じようにおいしくないオムレツだって、十倍近くの値になっているのではないだろうか。

二日目。デパートの食堂に入ってみた。うな丼、おすし、おそばにまじって、オムレツの一品があった。

玉子2コつかったハム入りのオムレツで、つけ合せはマカロニ、いんげんのバタいため、赤かぶが1コ、可愛らしい姿でのっていた。ふっくらとよく出来ていて、味もよかった。百円であった。

三日目。仕事で甲府へゆくので、音楽会場の甲府の県民会館で、おひるに食堂からオムレツをとってもらった。

プレーンオムレツで、バタいためのいんげんが添えてあった。それから別の器で、トマトを台にしたドミグラスソースが出た。みるからにやわらかくふっくらと出来ていて、たべたらやはりおいしかった。

どこでも、勝手にソースをじゃぶじゃぶかけたり、ケチャップをかけたオムレツが出てくる。この店は「お好みならおかけ下さい」というデリケートなサービスぶりで、ソースも手をかけて作った味で、百二十円は安すぎると思った。

四日目は都内のホテルへいった。ホテルのメインレストランではなく、キャフェテリヤのような軽食を出すところでは、必ずメニューにオムレツが入っている。さすがホテルだけにチーズオムレツ、マッシュルーム入り、ハム、トリのレバと、レパートリーも豊富だった。

スパニッシュオムレツは、トマト、ピーマン、玉ねぎが入っていた。玉子を3コ使って、ふんわりと大きく焼いてあり、お皿もあたためてあった。

値段は三百円から四百円と、おべんとう屋さんのオムレツの三、四倍した。オムレツといっても、コックさんの腕前、たべさせる場所により、値段が大きくちがってくるのだ。

五日目、最後の日は週刊朝日の方が、「西銀座の〈花の木〉で変ったオムレツを作っているからみせてもらいましょう」といわれるので、ついていった。花の木は、小さい個人レストランのはしりで、そのときのコック長の志度《しど》藤也さんは、それこそ密航のようにしてヨーロッパへ渡り、料理人としての腕をみがいた人である。

プレーンオムレツを作るところもみせてくれた。その手早く、形よい出来上りに、まるで手品みたいだと感心した。

名物のスフレオムレツ。これは玉子4コでつくる。

白味と黄味に分け、黄味はほぐして、塩、コショー、ナツメグをふり入れる。白味はかたくかたく泡立てて、黄味とざっくりあわせる。フライパンに油少々入れて、強火で熱して、その中にバタを入れ、玉子をどろどろと流しこみ、木べらで、下から上、下から上と、六、七回玉子に火を通し、形がついたら、そのまま天火に入れて五分焼く。ふわふわと、こんもりもり上ったオムレツの表面には少しこげめがつき、いかにもおいしそうだ。あたためておいた大皿に、ほうれん草のバタいためをしきつめ、その上にふんわりと、熱つ熱つのスフレオムレツをのせて、ドミグラスソースを別の器に入れて出す。たべるとスフレは口の中でとける。お料理というよりおいしいお菓子のようだった。

お値段は五百円、少し高いが、二人分の大きさだから、分けてたべれば一人あたり二百五十円。そんなに高くもない。二十数年前のたべある記を読みかえして一番おどろいたのは、味も形も変らないのに、値段はしっかりと変ったことであった。

＊

〈巴里の空の下オムレツのにおいは流れる〉は、三十八年七月十日、日本エッセイストクラブ賞をいただいた。

賞状には石井好子君とあり、「本クラブは貴君の著書〈巴里の空の下オムレツのにおいは流れる〉を推賞すべきものと認め玆に第十一回日本エッセイストクラブ賞として正賞記念品並びに副賞金を贈呈します」とある。いくらいただいたのかは全く忘れてしまった。

自分自身たのしみながら気楽に書いた随筆なので、立派な賞などいただくとは夢にも思っていなかったから、ただただびっくりした。授賞式の日、私は音楽会のため京都へ行ってしまったので、父に代りにでてもらった。その頃、父は運輸大臣をしていてけっこういそがしかったはずなのに、親バカまる出しで表彰状をいただきにいった。

渡された当時の会長は阿部真之助氏、副会長、千葉雄次郎氏で、阿部氏、千葉氏も、父ともども新聞記者出身だから、和気あいあいの雰囲気だったと聞き、うれしかったことを今でもおぼえている。

〈巴里の空の下オムレツのにおいは流れる〉という一冊を書いたばかりに、私は料理と深い関係をもつようになったし、またオムレツとのつながりも多くなり、大げさないい方だが私の人生も少し変った。この本がでなければ、私はシャンソン歌手で、お料理などしたこともない女性と思われてすごしていったことだろう。

玉子というものは、いまではどこの家の冷ぞう庫にも、常時二つや三つおいてある、手近にあるたべものである。その玉子を例にとって、「玉子一つだって、おいしくもまずくも食べられるもの」ということを書きたかった。

一つの玉子でも、せっかくならおいしく料理して、出来たてのほやほやを、たのしいうれしい気持でいただきましょう。それも〈人生の中の一つの大きな幸せ〉なのですから……そんなことを、お友だちに話すように紙の上に書いたのが、〈巴里の空の下オムレツのにおいは流れる〉であった。

以来、オムレツと私のかかわりはいろいろあった。賞をいただいた年の暮、大正会のクリスマスパーティーが帝国ホテルで行われた。大正会とは、森繁久弥さん、五島昇さん、春日野親方など、職業に関係なく、大正生れの人々が集まって遊ぶ会である。

クリスマスパーティーは家族連れ、友人もさそっての盛大な集まりだった。そのとき頼まれて私はオムレツの模擬店を出した。考えた末、オムレツを作るコンロの前に、薄切りのハム、チーズ、バタいためのの玉ねぎ、マッシュルーム、ピーマン、パンを小さい角に揚げたクルトン、いためたエビやカニを、そろいの深いガラス皿に別々にのせて並べた。そして各自の注文により、ハムオムレツ、エビオムレツなど目の前で作った。

いくつ作ったか覚えていないが、翌日はフライパンを握っていた左手がつってしまうように痛かった。三時間のパーティーの間、休みなく作りつづけるほど人気があったからだ。

この頃、ビュッフェスタイルのパーティーでオムレツを出すところもあるが、私と同じ方式なので、私はそのはしりだと自認している。

＊

あるホテルの社長から、オムレツのコンクールをするので審査員になってほしいとたのまれたことがあった。そのホテルは地方都市にも十以上のホテルを建てていて、それらのホテルのコックさんが、一堂に集まって技をきそうのだという。専門のコックさんが作るプレーンオムレツの審査はむずかしいだろうと案じたが、そのとおりなかなかむずかしかった。

まず困ったのは、審査員の一人になっていたホテルの社長は、「オムレツは中が柔らかくふっくらと、表面はこげめのつかぬクリーム色にまとめることが最高」といわれたからであった。私はオムレツは油プラスバタを敷くので、表面にはバタのこげめがついたほうを良しと考えているからである。

十数コ並べられたプレーンオムレツの外観を、まずよくながめ、少しずつ味をみた。

プレーンオムレツでも、やはり色形は少しずつちがい、味も少しずつちがっているので、なんとか採点することができた。しかし、社長と趣味を同じくする方が多かったのか、一位は全くこげめなしのクリーム色に焼きあげたオムレツで、私が最高点をつけた、味もしっかりとおいしく、うすくバタのこげめのついたオムレツは三位であった。

コンクールでは、もう一回審査員をしたことがある。

それは素人の腕自慢の人々のオムレツコンクールで、中に入れる具は、それぞれ工夫をこらしていて、日本風に、椎茸やたけのこを入れた人もいたし、エストラゴンならぬ高菜づけのみじん切りを入れた人もいた。

一位になったオムレツがふるっていた。固くゆでたうずらの玉子を数コ、ほぐした玉子の中に入れて巻きこんだ、玉子入りのオムレツであった。うずらの玉子はつるつるして、それは巻きにくいものなのに、よほど練習をつんできたのだろう、それは手ぎわよくうまく巻きこんである。しかし玉子と玉子のとり合せはいささかしつこくて、水をのんでも口じゅう玉子だらけ、コレステロール倍増といった感じが残った。

*

「オムレツを作って」とよくいわれるので、家でパーティーをするときは、玉子10コ使って大きいオムレツを作る。バタいためのうす切り玉ねぎ入りの場合が多いが、マッシユルームを入れることもある。

少し深めの細長い大皿に、出来上ったオムレツをおき、そのまわりにトマトソースをぐるっとまわしてたっぷりかける。トマトソースの海の中に、黄色いオムレツの小島が浮いている、そんな感じだ。

トマトソースは、みじん切りの玉ねぎをゆっくりバタいためして、塩コショーをしたらホールトマトを入れて、ぐつぐつとろ火で煮て作る。あっさりしたスパゲティのナポリタンソースと同じである。

「石井さんのオムレツ、一度たべてみたいわ」といわれているうちに、人のすすめもあり、日比谷の東宝ツインタワービルの地下三階に、〈メゾン・ド・フランス〉というレストランを開くことになった。フランスのレストランのように前菜としてオムレツを出して、そのあとで肉やお魚をたべていただくつもりで作ったメニューであったが、オムレツだけ召上って帰るお客様が多い。これでは商売にならないので、レストランは地下二階に移り、地下三階は〈玉子と私〉という軽食の店にした。

〈玉子と私〉。中年、いや壮年以上の方なら、クローデット・コルベールという女優主演の〈卵と私〉という映画をみられた方も多いと思う。都会育ちの女性が養鶏の農家に嫁ぎ、玉子１コを手にするまでには、どんな苦労があるかをしみじみとさとる。それをコメディタッチで作った楽しい映画であった。

その映画にちなんだ名をつけたわけだが、店ではいろいろな種類のオムレツを皆さまに食べていただいている。私のおすすめオムレツとして、

○チーズ入りオムレツ（クリームソース）一〇八〇円
○野菜オムレツ（トマトソース）一二八〇円
○揚げじゃがいものオムレツ（トマトソース）一二八〇円
○ベーコンオムレツ（トマトソース）一二八〇円
○きのこオムレツ（クリームソース）一二八〇円

の五種類がある。

揚げじゃがいも入りというのは、ゆでたじゃがいもをうすいそぎ切りにして、油でうっすら狐色にいためて、塩コショーしたものをオムレツに巻きこむ。フランスにじゃがいもを輸入したパルマンティエ氏の名にちなみ、フランスではオムレツ・オ・パルマンティエとよぶ。やわらかいじゃがいもは玉子と合って、老人、子どもにとても人気がある。

別にボリュウムたっぷりのオムレツが五種類ある。

○若どりのオムレツ（グリンソース）一四八〇円
○小海老のオムレツ（クリームソース）一四八〇円
○帆立貝のオムレツ（トマトソース）一四八〇円
○ビーフシチューのオムレツ　一六八〇円

○オムライス・メゾン・ド・フランス風　一二八〇円
オムレツは玉子3コを使って、大型で、そのまわりにソースを流し入れ、ピラフもそえてあるから、この一品でじゅうぶん満腹する。
さらに、オムレツグラタンのコーナー三種
○チーズとポテト入りオムレツグラタン　一二八〇円
○小海老のオムレツグラタン　一六八〇円
○トマトケチャップのオムレツグラタン　一六八〇円
本日のオムレツコースとして、ポタージュスープ、オムレツ、サラダ、パン、デザート、コーヒーで二四〇〇円。

この値段をみても、二十数年前の十倍以上だが、他のものとくらべてみると、決して高い店とは思わない。自画自讃で恐縮だが、おいしさも値段も良心的だと信じている。

私はフォワグラ、キャビア、つめたくつめたく冷やしたシャンペンなどの気どったディナーもありがたく賞味するが、手頃な値だんでおいしいものをたべるほうが気楽で好きだ。オムレツの昼食などは手頃で、私たち日本人の嗜好に合っていると思う。

オムレツは三百、いや六百種類あるとヨーロッパの人たちはいう。「巴里の空の下」ならぬ「東京の空の下」、私たちもいろいろな具を工夫して、おいしいオムレツをたべよう。

浜辺のパエリャ・バレンシアーナ

秋のはじめ、一枚の葉書が舞いこんだ。

白い壁の家が立ち並ぶその先きには、碧い海が広がっていた。長いヴァカンスをとってスペインのマラガへ行った友だちからの絵葉書だった。〈働いてばかりいないで、このようなところでゆっくり休んでみませんか〉と書いてあった。

写真を眺めながら「ゆきたいな」と思った。十一月、十二月は大小のコンサートで、身動きも出来ぬほどスケジュールがつまっている。今ゆかなかったら、今年は一度も外国へゆけないじゃないか、と思った。照りつける太陽のもと、白い砂の上に寝ころんで、なにもかも忘れてぼんやりすごしたらどんなに幸せなことだろう、と思った。

パリにも行きたかったので、急に決心して、あわただしく旅装をととのえた。

マラガといえば、美しい黒い瞳よ、と歌われるフラメンコの歌、マラゲーニャしか知らなかったが、アンダルシア地方、コスタ・デルソルの海岸に面した美しい町なのである。

＊

パリから飛行機で一時間半だった。

「マラガといっても、またその先のネリハという小さい町の、そのまた先きの小さい村にお連れするんですよ」マラガの空港まで迎えに来てくれた友だちはそういった。

スペインは物価が安い。ヨーロッパの半分どころか、四分の一、五分の一の安さである。だからイギリスやフランスの職場を退いた老夫婦たちはスペインに移り住む。マラガ、ネリハのあたりも、しゃれたアパートや建て売り住宅がつぎつぎと建設中であった。

ネリハの町をすぎ村へ向う途中で、五十頭ぐらいの山羊の群に出会った。夕方だったから家路へもどるところだったのだろう。犬が一匹、忠実に山羊を守りみちびいていた。オリーブの木蔭にはロバが一頭つながれていた。スペインの田舎の風景がそこにあった。村へ入っていくと、開けはなした戸の前で、イスに坐った太ったおばさんが二人、道ゆく人々を眺めていた。野良猫や野良犬が、白いほこりっぽい道をかけていった。

車が停ったところは教会が横にある小さい広場で、教会のすじ向いがホテルだった。一つの入口はレストランとバーへ昇る階段になっていて、もう一つが、部屋数十室もない二階建てのホテルの入口であった。入口を入って第一番目が私の部屋だった。

鍵をあけて、一歩部屋に入って歓声をあげた。なんの飾りもない広々として真白な壁の清潔な部屋、その正面はスペイン風の大きな開き窓で下は白、その先きには碧い碧い海が広がっていたからである。部屋には大きいガスレンジと流しがついていて、冷ぞう庫もあり、自炊が出来るようになっていた。

木の食卓には椅子が四つ、その横にソファがあった。バスとトイレつき、その上に、ベッドが二つ入っている寝室が二部屋ついていた。

「四日間おいでになるでしょう。このホテルは、ベッドを作ったり掃除はしてくれないから、毎晩違ったベッドでおねむりになるとよいですよ」と友だちは笑いながらいった。

「お一人分の料金でよいんですって」なんと一泊四千五百円であった。外の陽ざしは強く暑かったが、部屋の中はひやりと涼しく、乾燥した空気がこころよかった。夕食はネリハの町にでた。町の中心にある広場では、ひとびとが、ただぞろぞろ、ぞろぞろ歩いていた。

「スペイン人って不思議ですね。なんとなくぞろぞろ歩いていたり、じっと日がな一日坐っていたり、どうやって暮しをたてているのか疑ってしまいますよ」と友だちは、あきれ顔でいった。

私がはじめてマドリッドへ歌いにいったのは、ずいぶん前のことであった。そのときも、夕ぐれ時になると、男の人たちが家々のバルコニーに出てきて、通りをゆく人を何時間でもみていた。広場ではぞろぞろぐるぐると、人が、なんということなく歩きまわっていた。

＊

スペイン料理の代表的なものは、牛の腹仔の丸焼き、他の土地ではとれないうなぎの稚魚アンギラス、サフランで黄色く染まったご飯に魚貝類やトリ、ピーマンを入れたバレンシア風ご飯、丸く焼いたオムレツなどだろう。

初めの夜、海を見おろすレストランで、私たちはそれぞれ違ったものを頼んで、分けっこをして食べた。私のたのんだ串やきの仔牛もおいしかったが、友だちのたのんだスペイン風オムレツは、とてもよく出来ていてさすがと思った。

このオムレツは、ふつうのオムレツと作り方が違う。玉ねぎとじゃがいもはサイコロ形に切って油で揚げておく。これはカリッと揚げないで、しっとりと柔らかくなったら油から上げて、軽く塩コショーをふっておく。玉子は白味と黄味を分けて、黄味の中に、揚げた玉ねぎ、じゃがいもをまぜ合せておく。

白味をかたく泡立て、その黄味をざっくりあわせ、油をひいたフライパンにあける。黄味が少し煮えるまでかるくハシでかきまわし、半熟になったらフライパン大のお皿をフタにして、皿の上に玉子をひっくりかえす。

フライパンに油少々たして、皿の中の玉子をずらすようにして入れる。こうすることによって、玉子の両面がこんがりときれいに焼けるのである。白味があわだっているから、ふわっとした出来上りで口あたりがよい。

丸くふっくら作るので、一人前のときは、うんとうんと小さいフライパンで焼く。ふつうの大きさのフライパンで焼くときは、四、五人前いっしょに焼き、ケーキを切り分けるように四つ切りや六つ切りにしてからいただく。

*

翌日は海辺へ遊びにいった。このあたりは一年じゅう泳げるのだそうだ。足の裏がこげるほど熱い砂の上を走って海にとびこんだら、水は意外と冷たくて気持がよかった。岩場に近づくと魚が泳いでいた。小さいの、大きいの、とてもきれいな色の魚もいた。泳ぎ疲れて、天井がよしず張りの仮設レストランに入った。私たちだけでなく、ランチタイムには、泳いでいるひとびとの大半がレストランに集まってきた。「あら、パエリヤのお兄さん、今日はまだ来ていませんわ、お休みなのかしら」と友だちが心配そうにいった。

パエリャ・バレンシアーナ（バレンシア風たきこみご飯）は、浜辺で、みなの見ているところで作るのだそうだ。その料理人が到着するまで、私たちはテーブルに坐って、ハムやイカの輪切りのフライ、芝エビのピリピリ、これはトマトソース味で煮こんであったが、言葉どおりピリピリとときピ辛子がきいていて、これを食べてはビールを飲んで待っていた。

しばらくしたら、背の高い、青年というには少し年とった、みんなが「お兄さん」と呼ぶ男のひとがオートバイに乗ってやってきた。ボーイたちがパエリャの材料をはこんできた。お兄さんは額に汗どめの鉢巻をして、それからショートパンツをやおら脱いで長いズボンにはきかえた。なぜかと思ったら、油がとぶからだということがあとで分った。

それから、横にころがっている空箱を踏んづけて薪を作り、火をつけた。

「アントニオ！」お兄さんは大声で助手のボーイを呼んだ。毎日作っている料理だというのに、なにかしら運び忘れがあるのだ。

直径一メートルもある大きい鉄ナベを火にかけ、それに油を1カン分、どんどんとそそぎこんだ。なん人かのひと、とくに女の人たちが遠巻きに囲んで見ていたから、彼は格好をつけて、トマトを手でちぎって、三、四コ油の中に投げ入れた。それから骨つきのトリ肉を百コ近くも投げこみ、手づかみで塩をばらばらとふりまき、コショーをふった。トリは、時間をかけてこんがり焼く。

お兄さんがなべのトリをひっくりかえすのを、皆パチパチと写真をとり、女の子はかけよってお兄さんといっしょに写してもらい、お兄さんはもう、トリはそっちのけで、にんまり笑ったりポーズをとったりした。

こんがり焼き上がったトリは、一度とりだす。そして残りの油の中に、みじん切りのトマト、青ピーマン、ニンニクを、それぞれ大きなボール1杯分ずつの分量を入れて炒めた。そのなかに、サフランで黄いろくなった水をざっとそそいだ。

ぐつぐつ煮立ったところへ、お米（パラパラの外米）を、洗いもせず、箱を破っては入れ破っては入れ、十箱ぐらい入れた。ぐつぐつぐつぐつお米が煮えてきたところへ、揚げたトリをもどしてゆく。一カ所にかたまらないように、ほどよく並べるように入れてゆく。

その中に赤いヒラヒラしたものを入れた。なにかしらと見にいったら、ゆでた赤いピーマンの細切りであった。それからムール貝、アサリのような貝を入れ、エビを入れた。ぐつぐつ煮えているなべの中にお兄さんは人さし指をつっこみ、パッとなめて味見をし、さらに塩をひとつかみパラパラふり入れ、それで出来上りであった。固唾《かたず》を飲んで見守っていた私たちはほっと息をつき、皆で拍手を送った。大きな炎で燃えていた板の切れはしも、もう下火になっていた。

七十五人前の出来上りときいた。毎昼ふたなべ作るのだそうだ。黄色いサフランご飯は、少しなま煮えなのが残念だったけれど、よい味だった。貝の殻の中に入っているご飯をほじくり出して食べる味は格別だった。

「お兄さんの最後の一にぎりの塩、あれはよけいだったと思うな」と友だちがいった。

私は味の濃いのが好きなので、そうも思わなかった。どこまでも碧い海を眺めながら、出来たての豪快なパエリャ・バレンシアーナを食べることの出来た幸せで胸がいっぱいだった。

＊

夕方はネリハの町に出てヘレス（シェリー酒）の酒庫《さかぐら》へ入った。そこは一杯飲み屋になっていて、テーブルも酒樽、椅子も小型の酒樽だった。スペインは、フランス、イタリーに次いで世界第三のブドー酒生産国で、おいしいブドー酒を安く飲むことが出来る。しかし私には、スペインというとブドー酒よりヘレスが頭にうかぶ。

音楽学校の生徒のころ、私はカルメンのアリアをうたった。その歌詞に〈ヘレス〉という言葉があったからである。カルメンがドン・ホセを誘惑するときに、――ヘレスを飲んで踊りあかしましょう――と歌う。以来、ヘレスとはどんなお酒かしらとその味を夢み、スペインという国にも憧れたことがあった。

シェリー酒は長じて味わい、どんなものか知ったが、ヘレスはやはり日本やアメリカ、フランスで飲むシェリー酒とは違っている。シェリー酒よりももっとあくの強い地酒でくさいヘレス、これこそスペインの田舎の味であった。

えて、ちりちりちりちりとソーセージがこげた。熱い熱い匂いの強いソーセージと、泥

ソーセージで、それに火をつけてくれた。ブランデーがかかっているのか、火はよく燃

ヘレスを注文すると、突出しにソーセージが出た。ニンニクのよくきいた固い細長い

ある。

＊

スペイン料理は決して洗練された料理ではないし、オリーブ油を使っているので好きになれないひともいるようだ。パンにしても何か粉っぽくて、舌ざわりがぼくぼくしておいしくはなかった。しかしレストランはどこへ行っても雰囲気がよく、気分よく食事が出来た。

注文を受けるボーイ、皿を運んでくるボーイたちは、みな礼儀正しくて感じがよかった。あまりおいしくないパンも、天火であたためて出してくれる心づかいがあった。グラタンなどは、天火から出したての火傷をしそうに熱いのがでた。一品一品はいささか田舎料理的風情であっても、一生懸命作っているという気持が、皿の料理から伝わってきた。

まわりのお客様たちも、知らない私たちと目が合えばにこっとして、静かに楽しげに

食事をして、よい雰囲気をかもし出していた。この頃は、どこの大都会でもイライラした人が多くなって、心がかわいている感じがするが、このネリハの町、そしてこの小さい村のひとびとは素朴で優しい。三十年の昔が、そのままそこにあるようだった。

ホテルの部屋には、電話もラジオもテレビもなかった。窓から見下ろした畑にはトマトがなり、背負い籠姿のおじさんが働いていた。教会から子どもの声がきこえてきた。のぞいてみると、神父様から歌を習っているのだった。ずいぶん明るく楽しい歌で、これが讃美歌かしらと話していたら、それは、十日後にひかえた秋祭りのための歌の練習なのだった。

「マドリッドから、有名な歌手や踊り手もくるんですよ」ホテルのボーイが、ちょっと得意気にうれしそうにいった。人口六百人の静かな村、その全員が、秋祭りを首を長くして待っているようだった。

帰る前夜、夕食後ホテルまで送ってきてくれた友だちと、お別れのお酒をのみにバーへ寄った。小さいバーは、珍しくいっぱいの人だった。

長い間、暮していたロンドンから、この静かな村に住まいを移したイギリス人の老夫人が、夏休みを利用して訪ねてきた知り合いの人たちと、私たち同様に、お別れの一杯をやっていた。

「どうぞ、どうぞ」と席をゆずられて、なんとなく仲間に入った。すらっとした面高の、かつては美人だったに違いない老夫人は「むかし、三年間、日本にいたことがあったのですよ」と懐しそうにいった。村に移り住んで、「ここは静かだし、気候も体にあうけれどさびしい」と語った。

娘と娘婿、その友人の夫婦二組を紹介してくれた。太ったイギリス人は歌が得意だった。私の友だちも英語の歌はうまいので歌いはじめた。それからはカラオケバーならぬアカペラ（無伴奏）バーと化した。

私は、〈中国地方の子守唄〉を歌った。イギリス側が〈ダニー・ボーイ〉を合唱すると、私たちは〈荒城の月〉で対抗した。

老夫人が、「それヨイヨイヨイって歌を知っている」といった。東京音頭が盛んに歌われていたころに、日本にいたらしい。「歌ってきかせて」というので仕方なく、「踊り踊るなーら……」と歌った。「ヤーットな　それヨイヨイヨイ」というところは、彼女もいっしょに歌った。

マラガの奥の奥の、日本人の姿は一人も見当らぬ丘の上の小さなバーで、日本人とイギリス人の夫人が〈東京音頭〉を歌っている。なんともフシギな光景だと、歌いながら思った。

「帰ってしまうのネ」まるで十年の知己との別れのごとく、老夫人は手をしっかりにぎった。夜もふけていた。バーを出ると、美しい半月が、澄みわたった空にかかっていた。

＊

友人と別れ、マラガから南仏のニースへ行った。そこで東京から来た友人三人とおちあって、四人の旅となった。秋といっても、南仏はまだ夏の気候であった。朝起きてキャフェ・オ・レとクロワッサンの軽い朝食をすませると、海の好きな私は、海水着に着かえてビーチにいそいだ。

若かりし頃のアラン・ドロン的なボーギャルソン（美少年）がいて、ビーチパラソルを開き、寝椅子の枕にとりつけてくれた。一日じゅう海べりにいる人のために、サンドイッチや飲みもののサービスもあり、海辺には小さなレストランも開いていた。

南仏には素敵なレストランがいくつかある。映画〈赤い靴〉の舞台になったレストラン、シャトー・ド・マドリッドは、崖ふちに建っている高級レストランである。どっちにゆこうか迷って、私はやはり、シェーヴル・ドール（金の羊）という、旅籠屋《はたごや》のようなレストランへゆくことにした。

シェーヴル・ドールは、ニースからモンテカルロへ向う崖っぷちに、ひっついたように出来ている砦のような一画で、エーズというところにある。砦の門を入ると、細い石畳の道がシェーヴル・ドールまでつづいている。ブーゲンビリアやジャスミンが咲き、石垣のすきまから、碧い碧い海が見える。見はらしのよいレストランにはSPがうろうろして、何かざわざわしていた。ナイジェリアの大統領一行が、昼食にくるからだときいた。

私たち四人組は、またそれぞれ違ったものを注文した。待っている間に、小さいグラタン皿で作ったチーズスフレが配られた。注文した料理が出来るまでの間に、店のお得意料理をちらっと食べさせてくれる気くばりがよかった。ほんの口よごしほどの、小さいお皿の中のスフレは、温かくて柔らかくて、とてもおいしかった。

その日のハイライト料理は、友人の頼んだ魚のスープだった。海が近いせいだけあって、たっぷりの魚貝類からとったスープは、コクがあり、サフランの香りもよく、じつによく出来ていた。

私のとったオルドーブルの〈フェイエット・ド・レギューム・セゾニエ〉は、パイの皮の中に季節の野菜、茸や人参、玉ねぎ、ほうれん草などのクリーム煮が入っていて、これもよかった。アントレの食用鳩のローストも、フランスならではの味であった。

＊

翌日はカンヌへ遊びに行った。タクシーの運転手が「ムーラン・ド・ムジャンへ行ったことがあるか」ときいた。くいしん坊のフランス人は、どこの何がおいしいか、よく知っている。そのレストランの模様をおいしそうに話されて、急にいきたくなり予約をとる。

「最後の一席があいている」といわれたが、広い大きなレストランの席は、やはり着飾った人達でいっぱいだった。そこでもシェーヴル・ドール同様、注文しないのに小さい前菜が一皿でたのは、最近の流行《はや》りなのだろうか。小さい梨の形に作ったエビのムースでとてもおいしかった。ムーラン・ド・ムジャンの料理は、決して悪くはなかったが、ボリュームがありすぎた。

友だちが前菜に注文した兎肉のゼリーよせは、それこそ四人か五人前くらいの分量で、お皿の上に小山のごとく盛ってあって、見ただけで恐れをなしてしまった。「食べても食べてもなくならないわ」と友人は悲鳴をあげていた。アントレのロニオン・ド・ヴォ(仔牛の腎臓)は、日本では適宜に切って料理するが、ごろんと、まるのままのローストでてきた。それがまた日本のロニオンの三倍も大きくて、気味悪かった。

「お味はどう……」と注文した友人にきいた。彼女はなんでも味わえる胃袋の持主なのだが、いささか憮然としながら「ずいぶん、ロニオン、ロニオンしてるわ」と答えた。一切れもらったら、レバの味というか、内臓の匂いがプーンと鼻につき、私は食べられなかった。

しかし、私が頼んだ前菜は最高だった。ル・ププトンとあるので、「これはどんなもの」と聞いたら、キャベツ巻きで中にトリュフとマッシュルームのみじん切りが入っている、といわれて注文してみた。それが有難いことに小型で、何ともデリケートなよい味であった。

キャベツ巻きにもずいぶんバラエティのあることを、今度の旅で知った。

私流のディナー料理

パリにいたとき一緒に住み、その後もずっと親しくしている仏文学者の朝吹登水子は、親戚だが、夫が亡くなったときパリにいた。帰ってきて、お線香をあげてゆきたい、という。「それじゃ、夕食を作って待っているわ」と答えた。

久しぶりに、本気で台所に立ってみよう。そして、いままで作らなかった料理にいどんでみよう。そんな気持もあって夕食にさそったのだった。

雑誌の旅行記のようなところを読んでいたら、〈首なしひばり〉という変った名のお料理のことが書いてあった。首なしひばり、なんだか恐しいような、おかしいような名前だ。

うす切り肉のまん中に、こま切れ肉少々、香り草のみじん切りをたくさんきざみこんで、くるくる巻いて、両わきをしばっていため煮にしたものとあった。

こま切れ肉というのはピンとこないので、ひき肉を入れて作ってみることにした。私は幸いに巻き肉用の牛肉というのを手に入れることが出来たが、それがない場合は、赤身のすきやき肉を二枚重ねにして使うとよいと思う。

5コつくることにして、ひき肉は百グラム。玉ねぎ半コ、みじん切りにしていため、パセリのみじん切りを入れ、ハンバーグステーキを作るように玉子1コ、パン粉、それに手元にあるフィンゼルブとかディルとかの、香味づけの粉を少々ふり入れ、塩とコショーで味をつけてこねた。

肉をひろげて、真中に大サジ1杯くらいこの具をのせて、くるっと巻き、両わきをタコ糸でとめた。その上からまた塩コショーをして、なべにバタをとかし、両面こんがり焼き、なべの底にベーコン3枚しいて、その上に肉をのせ、ひたひたまで水を入れて、固型スープを入れてことこと三十分煮た。それだけではなんだか淋しいので、小玉ねぎ10コ、マッシュルーム10コ入れて、また三十分ほど煮た。

「ハハー、これが首なしひばりか」私はやっと分った。まん中のふくらんでるところが胴で、糸でしばった先が、ひろげた羽のような形になる筈なのだった。しかし私のは胴が太すぎて羽の部分が小さかったから、ひばりちゃんという感じより豚みたいだった。

その上に、タコ糸をしっかり結びすぎたために、糸をはずすとき、ぽろっと羽の部分がとれてしまう。だから土鍋に移して出したときには、ひき肉入りの丸い胴と、ひき肉なしの羽が、ころころ重なっていた。

「首なしひばり、っての作るわね」などと、得意気にいわないほうがよかった。それでも登水子は、「とてもおいしいじゃないの」とほめてくれた。

「あなたが日本にいるうちに、Kさんたちを招《よ》ばなくちゃ」と私はいった。K夫妻に招かれていながら、夫が発病したため、おかえしもしていなかったからである。「そのとき、これ出そうかな、この次はもう少しうまくゆくと思うわ」といったら、「でも手がかかって大変でしょう。もっと簡単なものでもよいのよ」とまんざらでもなさそうな返事だった。

＊

Kさんの家でのディナーは、ずいぶんいろんなものが出た。うちではなにを作ろうかと思ったら、久しぶりにファイトも湧いてきた。前菜には、まずゼリーよせを作った。これは前に作っておけるので、都合がよい。ゼリーというと、私たち日本人は、甘いゼリーを想像する。赤い苺のゼリーに、真白のふわふわのホイップクリームがかかったのは、子どもの頃の一番好きなたべものだった。

フランスに行ったら、甘いゼリーというのには、全くお目にかかったことはなく、ゼリーとはコンソメスープにゼラチンを入れた辛口のもので、料理に使うのだった。フランスで最高の料理とされているフォワグラの横にも、このゼリーが添えてあった。冷製ローストチキンは、焼いたトリのぐるりをこのゼリーでかためてあった。玉子の半熟ゼリーがためも、フランス人の好物だった。私が作るのは、ハムとレバペーストのゼリーよせである。

ハムをセン切りにする。ピクルス少々は小口切りにしておく。コンソメのスープは少し味つけを濃くして、中にゼラチンを、これも少し多めに入れて火にかける（ゼラチン1袋、5グラムにスープカップ半杯の割合）。ゼラチンがよくとけたら、そのなかにブランデーを少々たらす。このブランデーをたらすのがコツで、その香りは、このゼリーよせをとても高級な感じにさせるのである。

ゼリーがための器は、10センチか15センチぐらいの深さのを使う。その中にこのゼラチン入りコンソメをまず1センチぐらい入れて、冷して固める。その上に小口切りのピクルスをかっこよくおく。凝りたい方は、うずらのゆで玉子を切ってのせたり、トマトをダイヤ型に切ってのせたりすると、出来上りがとてもきれいだ。

その上にセン切りのハム半量、平たくのせ、その上にレバペーストをまんべんなくちらして、その上に残りのハムをのせる。器の六、七割くらいの高さまで、具のあるのがよいようだ。その上からコンソメをしずかにしずかに、器の八、九割の高さまでそそぎ、ラップをかけて冷ぞう庫に入れてかためる。

熱いお湯をボールに入れておいて、テーブルに出す直前に、その中にちょっと器をつけ、ガラスの皿でフタをして、さかさまにして皿にあける。表面はピクルスのグリンとゼリーの茶色、凝った方のは、白と黄のうずら玉子と赤いトマト。切り分けると、中はピンクのハムとレバが重なっていて、つめたくて舌ざわりがよくておいしい。

それから大皿にアボカドのざく切りを盛り、横にやはり、ざく切りにしたゆで玉子のマヨネーズあえ、その横に「かいわれ菜」を少々のせた。イギリスのティータイムにいただく玉子のサンドイッチには、必ずこのかいわれ菜が二、三本のっていた。ちょっと甘いゆで玉子と、このクレソンのようにピリッと辛いかいわれ菜は、なんともよく合うのである。

それからもう二品、野菜のサラダを作った。アルファルファという、小さい小さい細いもやしを、フレンチドレッシングで和えてガラス皿に入れた。もう一つはきゅうり。これはちょっと凝って作った。

まず、皮をところどころむき、たて二つ切りにして、なかの種をスプーンでとりのぞく。それから塩を手にとって、きゅうり全体にまぶし、しばらくねかしておいた。するときゅうりが少ししなう。二、三時間してからサッと洗って、一センチ幅に切って、パセリのみじん切りを入れてドレッシングで和えた。

そのあともう一品。これはベーカリーで焼いたパイ皮を買ってきて天火であたため、その上に、ほうれん草のクリーム和えをのせて出した。ほうれん草は、ゆでてミキサーにかけるとよいのだが、少量だったから、こまかくきざんでホワイトソースとまぜた。味が少しさっぱりしていたので、生クリームを加えたらこってりしてきた。そして、またまた、ひばりちゃん、ご登場というわけだった。

今度はひき肉だけでなく、ゼリーよせ用のハムも少々入れてみた。スープだけでなく、トマトペースト、赤ワイン少々入れて煮た。しかし、またもや胴が太すぎた。雑誌にあったように、ほんの少しのこま切れ肉と、たくさんの香り草を小さく小さく丸めて入れなくては格好がつかないことが、やっとわかった。

Kさんが「ドイツでこんなふうなの食べたことがあるな」といった。そうなのだ。私の作ったのは、〈首なしひばり〉のようにうまく出来なくて、ドイツ料理の〈リンズ・ルラーデン〉巻き肉の煮こみ的なのだった。

＊

リンズ・ルラーデン、この料理を初めてごちそうになったのは、コンチネンタル・タンゴの王様アルフレッド・ハウゼの家でだった。ハウゼは、ほんとはケーキが一番好きだった。胃の調子がわるい、といって食事をしなくてもケーキは食べた。私はなん度か彼の住むハンブルクを訪ねたが、三時の小休止には必ず、山とつまれたケーキが出た。

ドイツのケーキは、フランスのケーキのように甘すぎないし、酒類も入らなくてあっさりしている。しかし大型だから、私など、一つをやっとの思いで食べているのに「もう一つ」「もう一つ」と、くどくすすめた。

自分が三つも、あるときは四つも食べるので、ほかの人も食べてくれないと格好がつかないからかもしれなかった。やたらすすめるので、皆、「ハウゼとケーキ」といっては顔を見合せたものだ。そして、お料理の好物はこの「リンズ・ルラーデンだ」といった。

それはうす切りの牛肉に塩コショーをして、ベーコンのうす切りをきざんでのせ、うす切りの玉ねぎ、ピクルスをのせて、はしからくるくるとのり巻きみたいに巻いて、両わきを楊枝でとめる。

深なべにラードをとかし、この巻いた肉のまわりをこんがり焼いて、ホールトマト2コ、ちぎって入れて、水をヒタヒタに入れてコトコト煮る。出来上ったら汁の中に、生クリームと水どきしたコンスターチ少々入れて、とろみをつけたものだった。

私は、ドイツ料理ってあまりおいしいものと思っていなかった。レストランにつれていかれても、大ぶり大味で、お皿に残してしまうことが多かったが、ハウゼ夫人の作ったこのリンズ・ルラーデンは、こまやかなよい味だった。

「レストランでいただくお料理よりずっとおいしいですね」と思わず言った。本心であった。優しい顔立ちの若々しいハウゼ夫人は、大よろこびで、くわしくくわしく作り方を教えてくれたのだった。

＊

「ひばりちゃん」のお相手はサフランご飯、それからズキニのグラタンにした。サフランは漢方薬でもあるが、なかなかお値段も高い。しかし私は、ちょっとほろにがいようなサフランの香りが好きだし、あざやかな黄色が美しいので、お客さまのときはよく作る。

スペインのバレンシア風たきこみご飯パエリャ・バレンシアーナは、サフランご飯の最高傑作である。

はじめてマドリッドへ歌いに行ったとき、作家へミングウェイがよく通ったという、カサ・ボテインという、古いレストランに案内された。「日本人のあなたが、きっと喜ぶ料理をお目にかけますよ」と、連れていってくれたスペイン人が得意そうにいったが、その通り、大きな平たい鉄なべのままテーブルに出された、炊きたてのパエリャ・バレンシアーナに、私は感嘆の声をあげた。

黄色いご飯、その上に、ローストチキン、エビ、蛤、青、赤のピーマンが美しく色どりよく盛られていた。豪華なだけではなく、味も私たち日本人にぴったりであった。

スペインから帰るとき、大きいおなべを買って、日本に持ちかえったが、そのおなべで、パエリャ・バレンシアーナはうまくできなかった。お米がパラパラの外米でなくては、おなべにくっついてしまってダメなのである。だから私は、サフラン入りのご飯は別に炊いて、そのあと玉ねぎのみじん切りと共に油いためにして、その上にトリやエビ、蛤などを飾って出していた。そのうちに、だんだん作らなくなってしまった。

パエリャ・バレンシアーナのおいしいところは、殻つきの貝のなかに入りこんだサフランご飯で、みな殻を手にもって歯でしごくようにして食べることだ。子どもなどは、貝だけひろって、そのなかにつまっているご飯をたべていた。それがなんとも素敵な味なのだ。

サフランご飯は、トリの固型スープで味をつけて炊く。蛤かアサリは、大きなフライパンか中華なべの中に油を入れて熱し、殻ごとなげこむと、パカッパカッと口をあける。その中にご飯を入れてまぜあわせれば、とてもおいしい貝入りサフランご飯が出来るのである。

一時はそれにこっていたが、蛤、アサリが手に入らなかったとき、茸のクリーム煮をかけたらどうかしら、と思った。ご飯はご飯で出して、茸のクリーム煮は深皿にたっぷりと作って、各自サフランご飯の上にかけて食べた。好評だった。

それ以来、この料理は、私の得意の料理になったのだが、それにも少しあきていたので、今回は〈首なしひばり〉と〈サフランご飯〉という新しい試みをしてみたのだった。

煮こみ肉とサフランご飯のとり合せは、決して悪くはなかった。しかし、むしろ羊肉にしたら、もっと合ったような気がした。

＊

ズキニ、これはイタリー名で、フランスではクルジェットと呼ぶ。北よりも南でとれるのか、地中海沿岸の人々の好む野菜で、一見、大きいきゅうりのようだが、中身の味はうりとナスに似ている。グラタンにする場合もあるし、ラタトゥイユと称する煮こみ料理にすることも多い。

トマト、ナス、玉ねぎ、それにうんとニンニクを入れて、くたくたになるまで煮こんだラタトゥイユは、洋風の野菜ごった煮で、ビタミン豊富な健康食だ。

グラタンといえば、まずホワイトソースを作り、それとまぜあわせ、上にチーズの粉をふって天火で焼くのが常識とされているが、私はズキニのときは、一番簡単な作り方をする。

まずズキニは、皮をところどころむき、たて二つ割りにして、たっぷりの水で煮る。やわらかくなったらザルに上げて水気を切り、適当に切ってグラタン皿にきれいに並べる。上から塩、コショーを適当にふりかけ、ピッァ用の切りチーズか、または粉チーズをたっぷりふりかけ、その上から生クリームをひたひたに入れる。これで下ごしらえは終り。

天火でこんがり狐色に焼くと、どろどろでない、軽い舌ざわりのグラタンが出来上る。

*

サフランご飯をいささか炊きすぎてしまったので、翌日、となりに住む両親の家に持って行って、これで茸クリームのライスグラタンを作った。

茸は一種類でもよいけれど、私はしめじ、えのきだけ、マッシュルーム、生椎茸など、何種類かの茸で作る。しめじは細かくほぐし、えのきだけは根のかたいところを切りおとし、マッシュルームは根元を切りおとして五つぐらいに切る。生椎茸も細切りにする。厚なべにバタをたっぷり入れて、強火で茸類をいためる。塩コショーをして、その中にいささか邪道ながらメリケン粉を入れる。そして、さらにいため、まさにこげはじめようとするとき、牛乳を入れる。まぜていると、とろとろの茸入りクリームが出来る。白ブドー酒を少々たらすとすごくおいしくなる。さらに生クリーム少し入れるとこくが出る。

これをグラタン皿の底に少々しいて、その上にサフランご飯を平たくまんべんなくのせ、その上からたっぷりの茸ソースをかけ、平たくならして、その上にチーズの粉をふって天火でゆっくりほかほかに焼いた。黄色いご飯にとろとろのクリームはよく合った。

＊

どうも私の料理は雑でいけないという方がおられるかも知れないけれど、日本料理だって、私たち家庭では、料亭のようにいい材料で、手を加えてきれいに作るわけではないのだから、西洋料理も、レストランとはちがって、少し雑であっても、おいしかったらそれでよいのではないかといつも思う。

メグレ警視とシャンソンと

この頃のように、パスポート片手に飛行機に乗れば、簡単に外国へゆけるのは、ありがたいことではあるが、未知の国へのあこがれという想いは少なくなったようにおもう。私の娘時代、ヨーロッパやアメリカへ出かける人は、長い休暇をとり、船で往復したものである。

フランスにゆきたしと思へども
フランスはあまりに遠し……

と萩原朔太郎はうたった。

だから私たちは、せめてフランス映画を見てパリを訪れた気持を味わい、フランスの小説を読んでフランス人の気質を知り、フランスの習慣を垣間《かいま》みようとした。シャンソンもその一つで、シャンソンのレコードを聞きながらパリに想いを馳せた。

パリへはじめて行ったのは一九五一年、日本大使館も存在しない、戦争の色の残っている頃であった。フランスも戦争の影響を強くうけた国であったが、農業国であるせいか、たべものは豊富だった。パリに着いて、私はまず、フランスパンのおいしさにおどろき、ブドー酒が安くておいしいのに感激した。

フランス映画の中で、労働者たちが昼食どき、道路ぎわに腰かけて、棒パンをちぎりながら、ハムやサラミ、チーズなどをおかずに、おいしそうにワインを飲んでいる、そんな一場面をみたことがあった。それと同じ光景を見たとき「ああ、私はパリにいるのだな」という実感を味わった。

友人がアパートを引越すというので、手伝いがてら遊びにいった。荷物がおさまったので帰ろうとしたら「シャンペンをあけよう」といった。友人は芸能事務所で働いている地味な中年女性だった。やっと片づいた部屋で、作業着のまま二人でテーブルに向いあった。テーブルの上には、冷たくひえたシャンペンとシャンペングラスが並んで、皿の上には、こんがり焼いたトーストとフォワグラがのっていた。「フランス人ってすごいな」とおもった。

モエ・エ・シャンドンのシャンペンとフォワグラといえば、一流レストランの高級メニューである。中流以下の暮しをしている一人住まいの女だって、このようなぜいたくは知っている。そして何気なく味わっているのにおどろいた。

そんなフランス人だから、映画の中でも小説の中でも、出てくる食べもののシーンはとてもおいしそうで、生ツバがわいてしまうほどであった。

＊

フランスの小説は女学生の頃から読みはじめたが、小説の中でも、それまで知らなかった料理にいくつも出会った。

戦前の映画で〈モンパルナスの一夜〉というのがあった。シムノンの探偵小説の映画化だったが、娼婦に扮してダミアの歌うシーンがあると聞き、見にいった。ダミアは、粗末なアパートの一室で、着物のような花もようのガウンを着て、〈哀訴〉というシャンソンを、低い悲しい声で歌った。レコードだけで聞いていたダミアの姿を、初めて見てうれしかった。映画も暗かったが、ダミアの歌もしみじみと暗かった。

シムノンの作品には、アメリカテレビのコロンボ刑事同様、どのような難解な事件も解決してしまうメグレという警視が必ずでてくる。このメグレは、仕事に熱心だが、食べることにも熱心な人物として描かれている。仕事の合間に食べるものも、おいしいものをえらんでそれを実においしそうに食べる。

メグレ夫人は料理上手で、作者は彼女の作る料理を、ことこまかに描写している。彼女はアルザスの出身で、アルザス特有の玉子入りチーズパイ、キッシュ・ロレーヌを作るのが得意だが、それだけでなく、手をかえ品をかえ、毎日夫の好みそうなものを上手に作る。

メグレは一日の仕事を終え、アパートの階段をのぼりながら、台所からただよってくる匂いで「今夜は〇〇だな」と料理を当てるほど、くいしん坊である。

たまに二人そろってレストランで食事するとき、夫人は、「うちの料理よりおいしいかしら」とちょっと心配そうに聞き、メグレが「うちの料理が最上だ」と答えるのを聞いて満足する。そんな雰囲気は、フランスの中年夫婦の間ではよくあることだろうと思う。

フランスの女性は料理がうまいから、レストランのコックにおとらぬ腕を自慢している人も多いのだ。

シムノンが小説の中で、あまりにも料理のことを克明に書くので、ロベール・J・クールティーヌという料理研究家は〈メグレ警視は何をたべるか〉という一冊の本を出した。

——メグレを送って夫人が階段の踊り場まで出てきたところでメグレはいった。

「今夜は伊勢えびのコキールをたのむよ」

これは貧乏だったころ、いつも彼をおそうざい屋のショーウインドーの前に立ちどまらせた好物の料理なのだ。——（メグレ楽しむ）

本の中の一節がこのように書かれ、そして、横には作り方がくわしく書かれているこの本は、とても楽しい。

この本の中でも、私はずいぶん新しい料理を知った。「ショードレ」これは、あなごとうなぎと小さな舌平目、白身の魚、小さなイカなどを白ブドー酒で煮る魚鍋なのだそうだ。ショードレは大西洋岸、シャラント地方の料理で、ブルターニュ地方の「コトリアード」は、これにじゃがいもや玉ねぎが加わる。

ブルゴーニュの小魚鍋はポシューズといって、川魚の他に塩漬けの豚肉を入れるという。

「鴨のオレンジ煮」「若ドリのボンファム」「ほろほろ鳥のパイ包み」「やまうずらのひなのキャベツ巻き」「ローストビーフ　ソース　シャスール添え」「羊のもも肉のロースト・ブルターニュ風」

そんなむずかしい料理が、主婦の手でつぎつぎと作られることに、さすが！　と私など感激してしまったが、フランスの主婦なら胸をはって「私だって出来ますわ」というような気がする。たべるときのあたりの景色や雰囲気もいきいきと描かれているので、自分が作中の人物になったような気持を味わわせてくれる。

貧乏だった頃、おそうざい屋のショーウィンドーをのぞいている子ども姿のメグレ。

いまでもパリのおそうざい屋さんには、色とりどりのサラダや、きれいに作ったエビ、トリ、鮭などのゼリーよせ、うすく切ったソーセージやハム。そして、買ってきたらそのまま天火に入れると、ぐつぐつと煮えておいしく出来上る貝の殻に入ったエビのコキールなどが店頭に並んでいて、子どものみか、大人さえも立ちどまらせるのである。

——彼はカラッと揚がったはぜをバリバリ音をたてて食べ、川船がゆっくりと通りすぎるセーヌ河をときどき眺めた——（メグレの初捜査）

セーヌ河に浮かんでいる、魚料理を出す船のレストランで食事をしているのだろう。石炭をつんだ船が、ポンポンポンポンとのどかな音を立てて、河を上ったり下ったりしている。

はぜと記しているが原語はグジョンである。小さな川魚で、からあげにして食べるよりほかどうしようもない魚だ。

——シュール・ロワールにある小さい別荘で週末を楽しんで帰ってきた翌朝、メグレ夫妻は、まばゆい七月の陽光の中で朝食をとっていた。

「今日のお昼はエビのマヨネーズ和えでどうかしら？」——（メグレと宝石泥棒）

＊

警視でも別荘があるなんてと、おどろく方がいるかもしれない。しかし、パリに住んでいるフランス人には、小さい別荘を持っている人がたくさんいた。あまり名もでていないピアニストだって、会社の係長クラスの人だって、郊外に小さい家、あるときは馬屋や物置小屋を買って、日曜大工よろしく、自分で台所やシャワーをとりつけて、手頃な別荘を作りあげていた。

エビのマヨネーズ和え、というと、小さい芝エビをマヨネーズで和えたのかと思われるかもしれないが、大きな伊勢エビぐらいのを一尾をからごとゆでたぜいたくな料理である。マヨネーズは、フランスでは主婦が自分で作る玉子色のおいしいマヨネーズだ。

——あなたはアンドゥイエット（内臓で作った白いソーセージ）をとるつもりなんでしょう。私は少しぜいたくをして、冷たいエビのマヨネーズ和えを食べていいかしら

——（メグレと幽霊）

と夫人がきくくらい高値の一品である。けれどもふだんはそれほどぜいたくしていない。

「何をこしらえるんだい？」

「牛の焼き肉があるの、セロリの芯とピュレーをつけ合せにして……」

メグレが子供のとき食べたような日曜日の牛の焼き肉。あの頃はよく焼けたのが好きだった——（メグレとワイン商）

前日の焼き肉……といっても、ローストビーフのような固まりが残っているのだろう。セロリの芯は日本ではあまり食べないが、芯はやわらかくてゆり根のような味がする。このゆでた芯とマッシュポテトのピュレーの横に焼き肉をおき、もう一度天火であたた

める。

子供のたくさんいる家では、母親は前日の残り肉を食卓にだすこともある。そのときはあたため直してだすから、焼き肉はさらに焼けてウェルダンだ。子供の頃たべた、よく焼けた残り肉、それがメグレにはなつかしいおふくろの味につながっているのだろう。——メグレは望みどおりにカリカリと揚がっているフリットを急いで口に入れた。本当にすばらしい。

外側はカリカリとしていて、中はとろけるようなフリットを、彼は心おきなく味わった……。——〈荘厳館の地下室〉

フリット、本名は〈ポム・デ・フリット〉、じゃがいもの空揚げである。フランスでは細長く切って二度揚げにする。

モンマルトルで歌っていた頃、休憩の時間に、踊り子たちがかけだしてフリットを買ってきた。階段を上る足音とともに、揚げじゃがいものおいしそうな匂いが立ちのぼってきた。

*

クールティーヌの〈メグレ警視は何をたべるか〉を読みながら、パリで暮していた頃のことなども思いだした。そして、シャンソンにはたべものを歌った曲があったかしらと思い、たべものの名が出ているシャンソンを書きだしてみた。

〈さくらんぼの実る頃〉

これはシャンソンというより、いまではむしろ民謡といったほうがよいかもしれない。古いシャンソンで、フランス人なら誰でも知っている歌である。歌詞は、

さくらんぼ実る頃はうぐいすも
なつかしき歌を歌うよ
さくらんぼ実る頃は
幼き日をしのぶよ

と歌っているが、フランス産のブドー酒色をした、丸くてやわらかいさくらんぼの実のおいしさにはおよんでいない。

シャルル・トルネという人は〈ラ・メール〉〈詩人の魂〉をはじめとして、数々の珠玉的名曲を残したすぐれた作詩作曲家であり、歌手である。


くるみの中に何がみえる?

殻が閉じているときは広い野原と山と　小川と丘

軍隊の行進　王様の馬
輝やく海に　黒い帆船
夕凪にひるがえるドレス
殻があいたときは　思っているひまもない
かじって　そして　ハイ　さよーなら

夢のある美しいシャンソンである。

くるみを、フランス人はそのままかじって食べるし、お菓子やチョコレートの上にも飾るしサラダの中にも入れる。でもシャンソンになったときは「たべてしまえば夢も消えて、ハイ、さよーなら」である。

〈サラダ・デ・フルィ〉フルーツ・サラダ。

南国では、南国産のバナナ、西瓜、パパイヤ、パイナップル、マンゴーなど、色とりどりのフルーツの皮をむいて、形よくたべよく切って大きなお皿にのせて出すのを、フルーツサラダといっている。

これも、なんと美しい色どり、と色彩の美しさをうたい、ラテンリズムで楽しくきいてもらう歌で、食欲と関係はない。ジャック・ブレルの歌に〈ボンボン〉というのがある。

あなたにボンボン持ってきました
何故なら花は枯れてしまうから

と歌っているが、お姉さんにふられた腹いせに、幼い妹にボンボンをあげている歌である。あまり知られてはいないが、私の好きなシャンソンに、"Le Temps Des Cacahuètes"（カカウェットの頃）というのがある。カカウェットというのはピーナッツのことである。

二人が若かった頃　貧しくて
おいしいご馳走はたべられなかった
二人でピーナッツを分けあって食べるとき
「今に見ていて　何でも買って上げられるようになるから」
とあなたはいった
そう　そうしてあなたは偉くなった
今は何でも買えるようになった
でもあなたは　家にいないときのほうが多くなってしまった
大きなテーブルに一人で　私は坐っている

そして　ピーナッツをわけあった頃のことを思って　つい泣いてしまう
熱い熱い焼き栗　大好き
愛しあっている私たちに冬はない
ラララララ

と歌っている焼き栗の歌とは大分ちがうセンチメンタルな歌である。飲みものの歌の場合は〈焼き栗〉と同じく「さあ、飲んで笑ってたのしくすごそう」といった愉快な歌が多い。

パリ　セ　デュ　シャンパーニュ
パリ　セ　ド　ラ　ムール

パリはシャンペンみたいに魅力的で、小粋で、そしてこはく色の恋の町だ。
この歌は、パリへの思いをシャンペンにたとえて歌っているが、これもまたシャンペンの味、素敵な飲みものとして歌っているわけではない。小説や映画には人生が描かれ、そしてその中にたべものもしっかりとえがかれているのに、シャンソンは恋の歌が主である。

春になると恋が芽ばえ
夏は燃えさかり
秋は枯葉とともに落ちる

くいしん坊のフランス人なのに、シャンソンの上では食欲の秋はなく、ひたすら失恋に涙するのである。

クウェートの或るパーティー

主人は液化ガスの仕事をしていたので、年に何回もクウェートへ出張した。そのころはまだ、ホテルもヒルトンホテルが建ったばかりで、道路も空港も粗末なものであったそうだ。

外へ出ると、春から秋にかけては四十度、五十度の暑さで、車の取手で火傷をする有様だった。車の上で目玉焼きができる、できない、という話が問題になったが、玉子が落ちないように平たい場所におけば、ちゃんと焼けるのだそうだ。

ビジネスはスローで「では返事を明日ききにきます」というと「インシャラー」神様のおぼしめし次第、と答えられ、おぼしめしがない限り返事はおあずけとなるのだった。

アダモのシャンソンで、世界の平和を望み、人類の愛をうたった〈インシャラー〉というのを、あるとき何となく口ずさんでいたら「その歌だけは歌わないでくれ」と主人にいわれた。よほど「インシャラー」にこたえていたのだろう。からだがあまり丈夫ではなかったので、海外出張はきつく、とくにクウェートゆきは辛いようだった。

主人が亡くなったあと、後輩でクウェートに駐在している岡本さんから、「クウェートにいらっしゃる気はありませんか。日本人会が音楽会をしてほしいといっていますけれど」と言ってきたとき、やはり主人がどんな所で働いていたのか、その土地をみたいと思った。そして三月のはじめ、ディナーショーと女の人たちのために何かお話を、ということで、ピアニストの結城久さんと一緒に出かけた。

＊

成田から南まわりの飛行機に乗り、バンコックで一度給油してクウェートに着いた。夜中の三時で、外の風はひんやりとつめたく、コートを着ていてちょうどよかった。三月の初めはクウェートでもまだ冬なのだった。

クウェートはイラクとサウジアラビアにはさまれた、ペルシャ湾に面した小さい石油国である。「ここは岩手県と同じ大きさです」と皆がいう。北国の岩手県と世界最高の暑熱の地クウェートは、なにかつながらない。ここの婦人会は「あやめ会」という名称だった。この砂漠の中でも、季節がくるとあやめが咲くのだそうだ。私はふと、北陸の敦賀の海の崖ふちで、真冬、雪の中に咲く水仙を思い出した。そして野生の花の強さを思った。

この国には、千五百人くらいの日本人が住んでいる。その五分の一、三百五十人以上の方々がディナーショーに来て下さった。なにしろここは娯楽が少ないところなのだ。テレビをひねっても、夕方からしばらくクウェート人むきのものが映るだけだし、ラジオの音楽も単調なアラブメロディしか流れてこない。土地の人の遊びはなにかあるのだろうが、外国人にはなにもなく、映画も見られない。

街中のレストランは土地の人だけしかゆけないようで、外国人が食事にでかけるのはホテルのレストランということになってしまう。金持の国だからこの十年の変りようははなばなしく、ホテルもシェラトン、メリディアン、ハイアット、ホリディインとぞくぞく新しいのが建っているが、まだ近代国家とはいえない。私はヒルトンホテルに泊り、ホテルのアラブ料理を食べ、また人に誘われて、クウェート人が一番おいしいと言っているシェラトンホテルにも食べにゆくことが出来た。

＊

クウェート料理というものは特になく、むしろレバノン料理が主だそうだ。ホテルの料理だから洋風化されているだろうが、いわゆる中近東料理は、私には珍しくておいしかった。まず、「ホブス」という平たいパンが気に入った。パン屋の前を通ったのでしばらく見ていたら、真赤に焼けたカマドに、手の中でまるめたパンをペタッと投げつけて焼くのだった。

焼きたては外側がカリッとしてさらにおいしかった。そのパンをちぎって、その間にドロッとした前菜をはさんで食べる。これは、ディップに似ていて、トリ肉と豆、ナスと豆、まぐろと玉ねぎなどをそれぞれどろどろにすって、オリーブ油と和えてある。「タブレ」というのは、パセリのみじん切り、トマトのみじん切り、それに麦をふかしてくだいたようなものがまざっているサラダ風のもので、これをホブスにはさんで食べると、いかにも美容食、健康食という気がして、帰ったら必ず作ってみようと思った。「アリゼ」という前菜も、ひき肉にみじん切りの玉ねぎ、トマト、ニンニク入りでおいしかった。

ホテルの食事はビュフェスタイルで、数えきれないほどたくさんの前菜、カレー味や麦入りのスープ、それに羊肉のローストや煮こみ、ビーフシチュー、魚のフライ、エビや肉だんご入りのカレー料理が、ところせましと並んでいた。

私のえらんだスープは、押し麦のようなものが柔らかく煮えて入っていて、舌ざわりがよく、味がうすいのに何ともいえぬ味わいで、感激しながらいただいた。

カレー料理に入っていた肉だんごは、牛のひき肉を細長く丸めてあって「ケッバ」とよぶのだそうだ。「なまでも食べられるんですよ」と、クウェートに長いこと住んでいる方がいった。韓国料理にはクッパという、やはり肉だんごが入ったスープがある。「クッパ」「ケッバ」なんだか似ているサウンドだ。どこの料理か、どこからどこへ伝わったのか面白い。そのものも、実によく似ているのだった。私が食べたカレー煮は、パラパラの外米とよく合って、とてもよかった。一緒に行った友人は「これはクウェートの料理の中でも、最高のものだと思いますよ」といった。

私にとっては、羊肉の多い中に、牛肉の柔らかい肉だんごは、家庭的な味がしてうれしかった。

日本に帰ってから作ってみたかったので作り方を聞いたら、ボルゴレとかスノーバーとかクスクスとか、手に入れにくい材料が多く、がっかりしてしまった。しかし、ケッバは何とかまねをしてみた。まず、ひき肉を5百グラム、ミキサーにかけてどろどろにする。玉ねぎ1コをミキサーにかけてどろどろにしてからバタでゆっくりいためて塩コショーする。それを肉とまぜ合せて、塩、コショー、シナモンの粉を入れ、細長い丸形に手で作り、グラタン皿に並べてから天火で焼いた。フライングケッバは、小さいお団子形に丸めて揚げたものをいうようである。いわばアラブ風ハンバーグだが、ちょっと一味ちがって、試してみる価値があると思う。

デザートのテーブルは別になっていて、新鮮な果物、それにフルーツパンチがでていた。その横には洋風のケーキ、ババロア、プディングなどとアラビア風のお菓子が並んでいた。アラビア風のお菓子は、ピンク、ブルー、グリンと満艦飾で、その色にちょっとたじろぐ感じであった。みんな揚げ菓子で、お砂糖がいっぱい入っていて頭にツーンとくるほど甘く、一つ食べたら一キロはふとりそうだった。ほかに、チーズ入りの揚げパイ、ちょうど粉を細く細くソーメンのように巻いて揚げたのに蜜をかける菓子、あたたかいタピオカと乾ぶどうの柔らかいデザートなどがでていた。

市場に連れていってもらった。ホテルにあったような、原色を使ったアラビア風揚げ菓子が並んでいた。果物や野菜は、すべて輸入ものの国というだけに、想像していたよりずっと種類が多いのにおどろいた。果物はとくに豊富で、カンタロープのメロン、バナナ、苺、リンゴ、梨、オレンジ、グレープフルーツ、プラム、キウイなど新鮮な色どりで山盛りに飾られていた。シーズンになると青森のリンゴや鳥取の二十世紀なども並ぶのだそうだ。

お魚は近海ものは大きなハタ、舌平目、コチなどで、日本人とみてか「タコがあるよ、イカがあるよ」と呼びとめる男もいた。

市場の中を歩いていると、大きな籠をかかえた男がところどころに立っていた。買物を車まで運ぶ、運び屋なのだそうだ。野菜も豊富、肉は宗教上の理由で豚はなかったが、羊をはじめ牛肉、トリが売られていた。材料はいくらでもある、運び屋もいる。しかし「女一人で買物に出られないので不便だ」と婦人たちが口々になげいていた。この国では、女が一人ぶらぶら歩くと、商売女にみられるのだそうだ。

クウェートの女の人は、外に出るときはチャドルと呼ばれる黒い布を頭からすっぽりかぶって目だけ出している。やはり女だから、出している目にはしっかりとお化粧していて、なかには入墨をほどこしている人もいた。「女の人の写真は撮らないで下さい」「女の人に話しかけないで下さい」という。女性はまだ、家の奥深くにしまわれている風であった。

*

ディナーショーと話をすませたあと、三日間クウェートに滞在した。歓迎ぜめで、昼夜お招ばれがつづいた。三井物産の三枝さんのお宅に招ばれたときのご馳走はすばらしかった。

アラブ料理は珍しくておいしいとよろこんでいたが、いささか油がきついので、日本的なお料理を見たときは、心がはずむほどうれしかった。三井物産の方が二十数人集まって下さって、お料理は奥様方の持ちよりということであった。

大きなテーブルの上には、牛肉のたたき、中華風エビ団子、ぶどうの葉を中味に入れたアラビア風焼きぎょうざ、トリの春巻、イカときゅうりとわかめの酢のもの、白身の魚と大根の酢のもの、野菜の煮しめ。一つ一つ、大きな鉢にきれいに盛りつけられたのがテーブルにのっていた。横のほうには色あざやかなばらずし、そしてうどんとおそばが大ざるに盛られていた。

「すてき、すてき」思わず大声をあげてしまった。歓待して下さる方々の心が伝わってきて、それが私のいささか疲れた心と胃を、やさしくいたわってくれるようだった。

三枝さんの家は、一戸建ての二階家で広々として南国風で素敵な家だった。「こんなのは中流の下くらいですよ。ここの金持の家はおどろくほど立派です」といわれた。たしかにホテルと見まがうほどの豪邸の並んでいるのを見た。石油の国は金持が多いのだ。三枝さんは砂地の庭に花壇を作り、裏庭には菜園を作っていた。日本人の心が咲いているみたいに小さい花が、星空の下に咲いていた。

アラブの家は、台所は別棟なのだそうだ。「年に一、二回しか雨が降らないそうですし、焼きもの、煮ものの匂いがしなくて別棟もよろしいですね」といったら「でも砂嵐がありますのよ」といわれた。砂漠から吹きつける砂嵐は、あたりにもうもうと立ちこめ、二重窓のすき間からも砂が入ってくるのだそうだ。

「お見せできず残念ですね、砂漠の思い出、旅情として最高だと思いますけれど……」

クウェートに長い方が、本当に残念そうにいわれた。

＊

翌日は岡本さんの家に招かれた。女性ばかりが十数人集まっていた。はじめにパンチがでた。グレープジュースのようでもあり、少しアルコールが入っているようでもあった。この国は厳しい禁酒国なのだが、どういうわけかアルコール中毒患者の病棟があるという。密輸するのだろうか、密造するのだろうか。

ここのお食事もまた素晴らしかった。

スモークサーモンを二段重ねに押したおすしを見て「そうそう、ここの方は金沢の出身だったっけ」と思い出した。金沢の芝ずし、それよりおいしかった。トリの春巻風を一口たべて、「あら、これ、昨日いただいたのと同じ」といったら、一人の人が「私、昨日も同じものを作っちゃったんです」といった。前夜と同様、持ちよりの一品なのだった。これはちょっと変った味で、覚えておきたい料理であった。

春巻の皮にトリのささみをのせ、その上にタネをとった梅干しか、ねり梅をべったりぬりつけて、くるくる巻いて揚げてあった。揚げものの油っぽさを梅干しでさっぱりさせて、とてもおいしいアイディアだった。

クウェートのトリ肉梅干し入り春巻。その料理はいまクウェートでだけ流行っているもので、日本のどこかの家庭で工夫して考え出した料理。それを娘に教え、娘はクウェートで作り、皆によろこばれて、それが少しの人々に伝わっていく。

夫人たちと楽しくおいしくいただきながら、パリに住んでいた頃のことを思いだした。あの頃、一枚ずつステーキを焼くのは手間がかかるし、お金もかかるので、大きなステーキを四センチ厚さに切ってもらった。それをおしょうゆとお砂糖少々、白ブドー酒少々に二、三時間つけて、フライパンで両面こんがり焼いた。とろ火にしてミディアムに焼きあげ、最後につけ汁の残りをジャッとかけて、からめて出来上り。まな板の上で幅二センチくらいに切って大皿に盛りつける。メインディッシュとして皆によろこばれ、そしてパリ在住の人たちに真似され、パリの片隅でこの和風ステーキが一時はやったことがあった。

わかめ、きゅうり、イカ、タコなどの酢のもの、それは暑いクウェートの気候と合うので皆が作るのだろう。パリにいた頃は、わかめなど手に入らなかったが、きゅうりの酢のものはよく作った。

ドイツ料理の店からザウエルクラウト（キャベツのセン切りを樽に漬けたもの）をわけてもらい、よく洗って酸っぱ味をとって、おつけもの代りに食べるのもはやった。焼きとり、焼きおにぎりのはやった頃もあった。

焼きおにぎりは、小さめににぎって、天火の上火の強いところで、両面さっと焼いて出すと、日本から来たお客様は、たいてい歓声をあげてくれた。

＊

出発の前夜、日本人会の方々が、ヒルトンホテルのレストランを借り切って盛大な送別会を開いて下さった。大宴会のとき、アラブの人々がやるように、仔羊一頭をまるのまま焼いて、ピラフの上にのせたのが出ていた。

主賓は目の玉、または脳みそを食べなくてはいけないとおどかされていたが、幸い頭なしで出てきてくれた。すてきなプレゼントもいただき、楽しい楽しい夜であった。

私は少し感傷的になった。なんとなく三十年前パリに住んだ頃のことを思い出していた。敗戦からまだ立ち直り切れなかった頃、パリに住んだ私たちは、皆なんとかして一本立ちになろうと一生懸命だった。

彫刻家や画家のタマゴも、文学を志す人も、私のように歌の道にいるものも、遊学ではなく必死の留学だった。新しい時代に向って自分の力をためそうという意気ごみを、みなもっていた。

いま日本は立派な国になって、平和と豊かさの中で人々は飢えた心をなくしている。クウェートに行って、私はかつての日本人をみるような気がした。

男の人たちは、気候風土の違うなかで目を輝かして働いている。女性たちは全く違う生活のなかで憩いの場所をつくるべく、家庭の中で一生懸命けなげに生きている。私には、クウェートにいる日本の人々が、みな輝いているように見えた。だから皆が好きになって、お別れが悲しいと思い、元気でがんばってほしいと、願わずにいられなかった。「クウェート、よかったわね」といったら、「すばらしかった。みんな生き生きしていた」と結城さんもいった。

冷たいサラダに温かいサラダ

ホテルのレストランでメニューをみていたら〈鮭とレタスのサラダ〉とあるのに目がとまった。〈鮭とレタス〉、どうなっているのだろう。ゆでてほぐした鮭とレタスが和えてあるのか、それともレタスのサラダの上に、冷製の鮭がのっているのか。ボーイさんを呼んで聞いてみたが、よくわからない。

フランス語で書かれたところを読むと Salade froide et chaude〈つめたく温かいサラダ〉とある。ますます分らなくなったが、なにはともあれ頼んでみた。

お皿の上には、簡単にちぎってドレッシングで和えたレタスのサラダが敷いてあって、その上に、薄切りバタいための鮭の切り身がのっていた。おいしかった。温かいバタいための鮭が、冷たいサラダとよく合って、不思議なハーモニーをかもし出していた。

「これはすてきだわ、真似しよう」と思わずいった。

*

朝吹登水子から、「久しぶりに一緒に食事をしましょうよ」と電話がかかった。「外で食べるのはめんどくさいわ、おいしいハムとチーズを持ってゆくから、あなたの家でたべさせてよ」とたのんだ。ブッツというドイツ系の店がとてもおいしいハムを焼く。それにピクルス、田舎風の丸パン、チーズを持って彼女の家へ行ったら「サラダのおいしいの、作っておいたわよ」といった。

その夜のサラダは、セン切りのキャベツ、うす切りのきゅうりに玉ねぎ、それにかいわれ菜が入っていた。「マスタードのおいしいのを使うのがコツ」だそうだが、フランス人はマスタードが好きである。ディジョンという町は、マスタードの町といわれるが、マスタードの大工場があり、世界各国に輸出している。このディジョンのマスタードは味がよくて、一度使ったら他のものは使えなくなってしまう。

登水子は、マスタード入りのドレッシングをサラダにかけ、目の前でまぜあわせた。夫のアルベールが「もっともっとうんとまぜて」と注文を出した。サラダはドレッシングとまぜあわせればまぜあわすほど、おいしくなるという。

サラダをドレッシングとまぜて、それでたべるのかと思ったら、フライパンの中でまだジュウジュウと音をたてているバタいためのしめじをサラダの上からザッとかけた。

つめたく温かいサラダなのだった。

「しめじではなくマッシュルームでも、生しいたけでもよいのよ。ご飯にかけてもおいしいわよ」というので、ほかほかのご飯をサラダにまぜてみた。それは今まで期待したことのない不思議なアンサンブルで、「これはおいしいわ、知らなかった、とてもすてきだわ」とすっかり嬉しくなって声をあげた。

フランス人は、サラダ・ドゥ・リ、ご飯のサラダをよくたべる。初めてみたときゾッとした。ご飯のサラダなんて、とおもった。日本人には合わない料理と決めこんでずっとたべなかった。しかし、今ご飯にまぶしたサラダはおいしかった。サラダだけ食べるよりずっとおいしいのは、ご飯があたたかいからであった。

「画家の田淵安一さんが結婚したとき、友人の奥さんたちが集まって、パーティーのお料理を作ったの。そのとき大きな入れものに、いっぱいサラダ・ドゥ・リを作った、その作りたてがあまりおいしくてね、私もサラダご飯を作るようになったのよ」と彼女がいった。

そういえば、パーティーのとき登水子は、必ずといってよいほど大鉢に盛ったサラダ・ドゥ・リを出し、私はいつも、変った趣味だなと思っていた。

サラダ・ドゥ・リは、セン切りのキャベツやセロリ、小口切りにして塩をして一度しぼったきゅうり、玉ねぎのうす切り、またはみじん切りをドレッシングで和える。ツナのカン詰をほぐして入れたり、ゆでたトリをさいて入れれば豪華になる。ドレッシングは、まず酢、ワインビネガーがよいとおもう、それとマスタードとをよくよくかきまぜ、塩コショーをして、その中に少しずつオイルを入れて作る。具をよくあわせた中に、たきたてのご飯を入れてまぜる。しゃれた味にしたい方は、ケッパース、青いコショーを少々入れるとよい。

深めの器に入れ、食べる直前に、トマトの櫛形に切ったのと、ゆで玉子をところどころに置き、黒いオリーブをちらす。赤、黄、茶、その上からみじん切りのパセリをふると緑が加わる。美しい一皿、長いこと偏見をもってみていた〈サラダ・ドゥ・リ〉。

＊

アルベールが「あなたたちも、この頃は料理がうまくなったものだ、あの頃はね」と笑ったので、二人は同時に、「コッコ・オ・ヴァン」と答えて笑った。

そのころ私は、パリでうたいはじめたばかりだった。登水子はファッションの仕事をしながら翻訳をはじめていた。一人で住むより二人いっしょに住めば、同じ家賃で広く住めるので、モンマルトルにアパートを借りた。ピガールに近い庶民的なところだったが、小さい部屋からはパリの街を見おろすことが出来て、私はうれしかった。

当時、アルベールは登水子のボーイフレンドだったが、ある夜、夕食にくるというので、二人でコッコ・オ・ヴァンを作ることにした。作り方は酒屋のマダムからきいてきた。よく分ったつもりで作りはじめたが、なにか間違ったのだろう、うまくゆかなかった。

コッコ・オ・ヴァンは、骨つきのぶつ切りのトリ肉に塩コショーをして粉をまぶし、こんがりとバタでいためる。その上にブランデーを少々ふりかけて、パーッと燃やしてトリのくさみをぬき、ブドー酒で煮こむ。失敗しようもない程やさしい料理なのだが、そのころ私たちは全く料理を知らなかったから、どうしたわけかひどく水っぽくて味がない。塩コショーをしてもダメ。煮つめたらと、ふたをずらしてぐつぐつ煮ていたら、煮すぎて骨から身がはずれてくる。

「とろみがないわね」「粉いれましょうか」そこへ現われたお客様のアルベールが「そうだ、粉だ粉だ」と、水ときした粉を入れたら、汁がねんど色のどろどろになった。気味のわるいどろどろの中にトリがあって、とても食べられる代物ではなくなってしまった。

「あなたが粉を入れすぎるからこんなになった」と登水子は怒り、アルベールは「入れろというから入れたのに」としょげかえり、私はなんとかならないものかと、さらにこねまわし、悲劇の一幕であった。

「それにしてはうまくなったものだ」というアルベール自身、くいしん坊なだけに、この頃はときどき、自分で料理も作っているようだ。この間は、ちょっと変った料理をたべさせてくれた。ゆでたほうれん草をざく切りにしてカレー味でいため、その上にあげどうふをのせて深皿でだした。

「インド料理。本当はチーズの揚げたのをのせるけど、これは日本式であげどうふにしてみた。いくら食べても太らない美容食」と得意そうだった。あっさりとしてなかなか面白い料理だった。たしかに健康的、美容的で、安心していくらでも食べられたが、本式のも食べてみたいなと思った。インドだからチーズは羊のチーズを揚げるのだろうか。それはどのようにして揚げるのだろう。

イタリーのチーズ料理で〈馬車に乗ったモッツァレッラ〉というのがある。四角く揚げた姿を馬車に見立てたナポリの料理だが、これは食パンの耳を切って四つ切りにする。それをミルクの中にひたしておく。モッツァレッラはチーズの一種で、この頃はスーパーで売っているところもあるが、手に入らないときはプロセスチーズでもよい。ミルクにひたした食パンの上に薄切りのチーズをのせ、メリケン粉をまぶしてから、とき玉子につけて油でこんがり揚げたものである。

作り方を聞いたとき、なんだかむずかしそうだと思ったが、チーズがとろけでたりもせずうまく揚げることができた。コロモがこんがり、なかはとろけるようにやわらかく、とてもとてもおいしい一品である。カレー味のほうれん草の上にこれをのせてみたらどうかしら、と思いつつ、まだためさずにいる。

＊

あたたかいご飯とサラダの組みあわせの妙を知って以来、私の朝食はこれ専門となった。何十年来、かかしたことのないおみそ汁と、いままではトーストだったのが、サラダご飯に変った。

サラダはそのときによって変えているが、トマトのうす切りと玉ねぎのうす切り、ザク切りのキャベツと小口切りのきゅうり、ときにはゆで玉子やアスパラガスも加える。ドレッシングはマスタード入りのこともあるが、マスタードは入れず、お砂糖少々入れて甘みをつけるのも好きだ。油3、酢1、塩、コショーに、お砂糖ちょっぴりまぜるのである。深めのスープ皿にあたたかいご飯を一杯分のせ、その上にたっぷりドレッシングをかけた野菜をのせて食べる。

すてきな味、いままで知らなかった味、そして、いかにも健康的なのも誇らしい。しかし、ある朝、少しこれにあきて、ベトナム風にしてみた。

ベトナムは、かつてフランス領であったから、パリにはベトナム料理店も何軒かある。そこでとてもおいしいと思ったのは、サラダ菜に具を巻きこんで食べる前菜であった。いろいろの種類の具があったが、なかでも一番おいしいと思ったのは焼きビーフンだった。

どのように作るのか知らないが、ビーフンがまっすぐに並べてあって、外側はこんがり、中はやわらかく焼いてあり、これをサラダ菜につつんでたべるのである。それはとても出来そうにないので、サラダ菜の上にあたたかいご飯をのせてみた。しかし、ご飯だけでは味なしだから、うす切りにした玉ねぎをたっぷりのドレッシングで和えてのせてみた。それでもまだなにか足りない感じなので、松の実の油いためをのせてみた。成功だった。松の実の香ばしさが、なんともいえず味をひき立てた。松の実がないとき、ごま塩をふってみたが、それもなかなかよかった。

松の実は身体によいというのでよく買っていた。そのまま食べるものと思っていたが、ある日、中国人の家へよばれたら、油でこんがり狐色にいためたのがでてきた。少しお砂糖をまぶしてあるようだった。カリッとして香ばしくて、とてもおいしいのにおどろいた。

いままでそのまま食べていた、といったら、中国人はとてもおかしそうに笑ったところをみると、中国では必ずいためて食べているのだろう。これは、お酒のおつまみにも、口さみしいときのおやつにもなる。

＊

ある日、北海道の友人から、じゃがいもがとどいた。朝おきて食卓についたら、お手伝いが、「じゃがいもがゆでてありますよ」という。洗って皮つきのままゆでたのを、一コもらって、さてどうして食べようと考えた。お皿の上にごろんとのっているのを、ナイフ、フォークを使って「アッツー」などといいながら皮をむいて、くずしてからバタをのせ、塩をふって食べた。久しぶりに食べたじゃがいもは、とてもおいしかった。

翌日は、冷ぞう庫に入っていたサワクリームで食べることにした。冷ぞう庫をあけたら、九州から持って帰っためんたいこが入っていたので、うす皮をはいでほぐした。ついでにねぎをみじん切りにした。ほかほかのじゃがいもの上に、みなのせて食べた。感激！ からいのがきらいな方は、ふつうのたらこで試してほしい。これもまた froide《冷めたく》 et chaude《あたたかい》.

ドイツはじゃがいもの国といわれる。レストランに入って料理を注文すると、パンの代りにじゃがいもがでてきた。ゆでたじゃがいもにバタをまぶし、パセリをふっただけだが、実においしく、どんな料理にも勝るように思った。

「ドイツ料理って大味ですね」「おいしくないな」という人もいる。たしかに質素な料理だと思う。しかし、ゆでたテュルボー（さわら科の魚）の大ぶりの切り身にゆでたじゃがいも、それと、つめたくつめたく冷やしたモーゼルワインの食卓など懐しい。

朝はじゃがいもと決めてからは、いっしょに添えるものを工夫した。ゆで玉子のざく切りと、きゅうりのピクルスのみじん切りをマヨネーズで和えてみたり、より健康的に、ピクルス、セロリの葉、パセリの葉、玉ねぎなど全部みじん切りにして、グリンのバジリコペーストを少々入れて、ドレッシングでねるように和えてポテトの上にのせてみたりした。

ポテトの白とグリンのとり合せをみていたら、アボカドのディップを思いだした。

＊

メキシコに住む友人が作ってくれたアボカドのディップは、ひとくち大の揚げタコスといっしょに出てきた。「お酒のおつまみ」。

私は、テキラ（メキシコの地酒）にライムをうかして飲んでいたが、香ばしい揚げタコスに、ディップをたっぷりのせてたべた。一口たべるなり私は、「おいしい！」思わず「作り方おしえて」と頼んだ。

タコスは、メキシコ人の常食で、とうもろこし粉の入ったうすいパンケーキのようなものである。これを焼いたり揚げたりして、その中に辛い具をはさんで食べるものだが、その夜はタコスを六つに切って、からりと揚げてあった。

アボカドは二つに割って種をとり、身をスプーンですくい出し、クリーム状につぶす。そのなかに塩、コショー、油、それに玉ねぎのすったのを少し入れてまぜる。アボカドのとろっとして甘いのを、玉ねぎがキュッとひきしめて、実によい味になっているのだった。これと香ばしいタコスが何ともよく合って、いくらでも手がでた。

「あれだ、あれだ」とおもって作ってみた。

ほかほかのポテトをフォークでつぶして、その上にこのアボカドのディップをのせてまぜた。おもったとおりおいしかった。しかし揚げタコスとたべるほうが、ご本家なだけにやはりおいしかった。

ゆでるより蒸したほうが、蒸すよりベイクするほうが、じゃがいもはおいしくなる。アメリカ人の好きなベイクドポテトは私も好きだ。しかし、時間がかかるので、ついつい敬遠してしまう。

天火を中火にして、よく洗ったポテトのところどころにフォークで穴をあけ、皮に少々油をぬりつけて、ゆっくりと時間をかけて焼いたベイクドポテトは、肉料理のつけ合せには最高である。

＊

私はアメリカの小説はあまり読まないが、〈ティファニーで朝食を〉〈冷血〉の作家トルーマン・カポーティは好きな作家である。彼の家は、ポテト畠の真中に建っているのだそうだ。寒い朝、彼はかご一杯にポテトを掘ってくる。友人に電話をかけて呼びよせる。洗ったポテトは、天火の中でゆっくりゆっくり焼けてくる。

冷ぞう庫には、うんと冷やしたウォッカとサワクリームとキャビアが入っている。かけつけた友人たちと、テーブルをかこんでウォッカを飲みはじめる頃、ポテトが焼きあがる。お皿にとって、熱い熱いポテトを割って、その中に冷ぞう庫から出したサワクリームをこってり、そして大粒のベルーガのキャビアを、その上に小山のように盛り上げる。

なんという幸せ、なんというぜいたく。私も一度はそうして、ベイクドポテト・キャビアのせを味わってみるのが夢である。

朝ごはんとお茶とイギリス人

かつて十年近く、日本支社の社長をしていたイギリス人が、久しぶりで、日本へやってきた。リーンと私たちが呼んでいるその人は、ドイツ、フランスにも長く滞在していたから、ドイツ語もフランス語も流暢に話し、日本語も、滞在一年後には、けっこう通じるくらい上達した。

アメリカ人のなかには、何年も日本にいながら、全く日本語を話せない、また話そうとしない人がいるが、ヨーロッパ人は違う。とくにイギリスは植民地が多く、植民地のひとびとと接するのに、その国の言葉が分らないようでは、好い仕事も出来ないし、トラブルもおきやすいのを知っているから、長く滞在する場合は、まずその国の言葉を勉強する。

イギリスとフランスは、せまいドーバー海峡をへだてて向いあっているのに、言葉が違うように、考え方も暮し方もずいぶん違う。だから日本人のなかでも、英国びいき、フランスびいきと分れ、片や「あの人は英国病よ」と陰口をきけば、「あの人フランスかぶれ」「フランス狂よ」とささやく。

彼はとても食いしん坊で、そんなところも私と気があった。来日してしばらくしてから、私たちは、六本木の〈マクロー〉というレストランへ彼を招待した。その店は、小さいお皿に小さい料理をのせ、オルドーブルとして次から次へ出す。

生きのよい帆立貝のバタ焼きは、貝の上にのってくる。ウニのムースは、とげとげのウニの殻の中で、ほかほかふわふわと焼けている。

冷凍させて、うんと薄く切った生まの牛肉の上には、辛子じょうゆがサッとぬってある。牛舌の塩づけ、鴨のテリーヌ、きすの酢づけ、チーズパイ。一皿一皿、心がこもっていて、デリケートな味なのに彼は驚嘆して「こういう料理が食べたかったのですネ、これ、日本だけでしょ、わたし、年とりました。ですから、大きなお皿にたくさんでるの、困ります」とよろこんだ。

フランスのヌーヴェル・キュイジーヌ（新しい料理）ふうで、それは新鮮な材料を生かして、あまり手をかけずに、アルコール類やクリーム類も多く使わず、さっぱりと作るのが、特徴だ。

生まの帆立貝をうすくうすく切って皿に並べる。その上にエシャロットのみじん切りをふり、塩コショーをして、その上からオリーブ油をかけて食べる。洋風うす造り、といったところである。白身の魚のうす切りを皿に並べ、熱くしたフレンチドレッシングをさっとかける。魚がちょっと煮えて表面が白くなったのを、そのままか、冷やしていただく。

＊

リーンはおいしいものが好きで、味のわかる人である。それなのに、ロンドンへ行って、ドライブに出たあとリーンの家で出た夜食はひどいものだった。うす切りのゆで肉とサラダだったが、赤身のところをゆでたから、身はしまり、カサカサのパサパサ、いくら塩コショーをふりかけ、マスタードをぬりつけても、どうにもならなかった。

その夜は、やはり日本に住んでいたことのあるイギリス人夫婦も来ていた。奥さんのバーバラが、「この肉、おいしいわね」と言ったとき、私はびっくりして、彼女の顔をながめたが、リーンがうれしそうに「悪くないでしょう」と答えたのには恐れ入ってしまった。それは私たちにはわからないイギリス人の味、いや肉食人種の味なのかと思う。

考えてみれば、フランス人が秋から冬にかけて十日に一ぺんぐらいは食べる、野菜と肉のかたまりをゆでたポトフにしても、日本人好みの味ではない。

ウィーンに行ったとき、「これが名物料理です」といって、おもむろに出されたのは、牛の背中の特別の肉のかたまりとかで、それもゆでただけだったから、何だかちっともご馳走に思えなかった。

私たち日本人は魚食人種だから、肉を食べる場合も濃い味つけで、おしょうゆの味で食べるのが好きだが、肉食人種は、肉そのものを味わう。たとえパサパサカサカサでも、よくかんで、そのなかから肉の味をさぐり出すのだろう。

イギリスに行ったことのある人もない人も、口をそろえて、「イギリスの食べものはまずい」という。たしかにカサカサのゆで肉はまずかった。日本人の90パーセントの人がまずいというに違いない代物だった。しかし、イギリスのたべもの全部がまずいと決めるのは、まちがっている。

＊

イギリスの朝食、それは世界一豪華でおいしい。フランスやイタリー、スペインなどラテン系の国では、朝食はいわゆるコンチネンタルスタイルと呼ばれる簡単なものでキャフェ・オ・レ（牛乳入りの濃いコーヒー）、パン、バタ、ジャム、それで終りだ。しかし、イギリスは大ご馳走である。ホテルのレストランへ行ったら、びっくりして歓声をあげたくなってしまうほどだ。ワゴンサービスで、スチュードフルーツが運ばれてくる。いちじく、桃、りんご、梨、プラムなど、丸のまま、うっすら甘く煮てある。オートミル、コンフレークスなどのあとは玉子料理、それに添えるベーコン、ハム、チポラタス（ソーセージの一種）または、マッシュルームやほうれん草のバタいため、トマトの天火焼きなどである。玉子のいやな人は、キッパーズという、燻製のにしんに、レモンのしぼり汁をかけて食べる。

オートミルは冬、コンフレークスは夏のたべものだそうだ。

「ケジャリーも冬よ」とバーバラが言った。これはハドック（タラ科の魚）の軟かい燻製を、あらく指先でほぐしておき、ゆで玉子のみじん切りといっしょに炊きたてのご飯にまぜる。塩と生クリームを加えてトロリとまぜ、ホカホカのあたたかいところをいただくのだそうだ。

「なんだか、ひどくおいしそうだ、絶対つくって食べなくては」と決心して帰国した。ハドックの燻製は手に入らないから、スモークサーモンでもよいと思うが、私は塩をしたタラの切り身をゆでてほぐした。出来上りにちょっとおしょうゆをたらして食べたら、すごくおいしかった。塩鮭をゆでてほぐして入れてみたが、これはおしょうゆをたらし、すごくおいしかった。それ以来、私のお気に入りの料理になり、ときたま思いついて作る。

生クリームが手元になかったので、一度マヨネーズで代用したら、しつこくなって、「ケジャリー」というより「マヨネーズご飯」といった感じになってしまった。これは、朝食というより軽いランチ、または夜食に向いている、日本人好みの一品である。

パンはトーストのほかに、とうもろこし粉の入ったマフィン、天火でこんがり焼いたスコーンがおいしい。スコーンは朝食には大きめに焼き、ティータイムのためには小さく焼く。

スコーンの材料は、粉カップ山2杯、バタ大さじ3杯、砂糖大サジ4杯、塩少々、牛乳半カップ。粉をボールに入れて、その中でバタを小さく切ってまぜ、指先きでよくもみこむ。そのなかに砂糖、塩をふりこみ、牛乳を少しずつそそぎながら、こねないようにへら状のもので切るようにまぜる。耳たぶぐらいの柔らかさがよい。

それからまな板に粉を少々ふり、合せた粉をのせて一まとめにしてめん棒でのす。朝食用の場合は、厚さ3センチくらいにのして、直径5センチの丸い型でぬくが、ティータイム用は、おなじ厚さを3センチの直径で小さく作り、天火の高温で約10分焼く。

竹ぐしをさしてみて、すーっと通ったら出来上りであるが、焼きたては必ず指先で横二つにひらいておく。パカッときれいにはがれるが、焼きざましに刃を入れると、くずれることがあるからだそうだ。ほっこり焼けたスコーンの間にバタとジャムをはさんでいただくとき、イギリスにいる幸せを感じた。ジャムも、イギリスならではのマーマレードをはじめ、あんず、いちご、野いちご、野ぶどうなど、バラエティに富んでいた。レストランのメニューには、朝食だというのに、ビーフステーキ、グリルド・ラムなどものっていた。

イギリス人は羊をよく食べる。フランス人も中近東の人も、みな羊を食べる。ただイギリスとフランスの違いは、イギリスでは羊肉の匂いを消すためにミント（はっか）ソースをつけて食べ、フランスは羊に塩分をふくんだ牧草（プレサレ）を食べさせて匂いを消す。「やはりフランスは違うでしょう」と自慢したいところであるが、私はイギリスのたべものもけっこう好きなのだ。

＊

港を見物に行ったとき、労働者ふうのひとが防波堤の上に腰をおろして、新聞紙に包んであるおいしそうな揚げものをたべていた。それがフィッシュ・アンド・チップスで、すぐわきの小さい店で揚げたてを売っていたが、あいにくそのときはお腹がすいていなかった。

友人をたずねて郊外までドライブしたとき、ハイヤーの運転手に「フィッシャンチップスっておいしいんでしょう」と聞いたら、「たべたことないのですか、そりゃ残念ですね」と答え、そのあとで「あそこで売ってますよ」と指さしてくれた。「じゃ、とめて下さい」とたのんでガラス張りの清潔な店に入ったら、大きな白身の切り身を、カラッとうまく、狐色に揚げていた。いい気分になって「ギブ・ミ・フィッシャンチップス」などといって、魚のフライとポテトフライを買った。

新聞紙に包まれてはいたが、揚げたてはカリッとした歯ざわりで、なかはほっかりした白身で実においしかった。あの魚は、フランスではテュルボーと呼ぶ。日本にはないが、さわらに似た魚だと思う。

テームズ河に浮かぶ船の上で食べさせてくれるいわしのバタ焼きやポーテッド・シュリンプも忘れられぬ味だ。

ポーテッド・シュリンプは、イギリスの家庭でもよく作るらしく「子どもの頃はいつも殻むきをさせられたものよ」とバーバラが言った。殻をむいた芝エビをたっぷりのバタで、ちょっと揚げものスタイルにいため、塩コショーして、小さいポット（グラタン皿、深皿）に入れ、冷ぞう庫で冷やしていただく。エビのバタ煮こごりとでもいうようなオルドーブルである。

サンドイッチ屋に入れば、白パン、ライブレッド、黒パンと好みのパンにスモークサーモン、ハム、チーズ、野菜など好みの具を入れて作ってくれる。香り高い紅茶にサンドイッチのランチなど私は大好きだったが、イギリス人にとって、サンドイッチは、ランチというよりティーのお相手の感が強い。

サンドイッチをいただく、というときは、白いうす切りのサンドイッチパンにたっぷりバタとマスタードをぬり、一つはゆで玉子の輪切り、もう一つは、うす切りのきゅうりときまっている。ゆで玉子には少し塩をふり、ピリッと味を引きしめるかいわれ菜をはさむ。ふちをおとしてパンは四つ切り、とこれもまたきまっている。

＊

バーバラがティーに招いてくれた。おきまり二種のサンドイッチのほかに、しょうが入りのジンジャーブレッド、その名のように表面がガリガリと固いロックケーキがでた。みな紅茶とよく合っておいしかった。

「むかしは、スコーンやパンケーキ、クリーム入りのお菓子など、ずいぶんたくさんそろえたものだけれど、この頃はあまり出すと、きらわれるのよ、みな太るのを心配しているから」と言った。

「このお宅のハイティーはすてきですよ」と長年ロンドンに住んでいる日本人のTさんがほめたとき、バーバラはちょっと困った顔をして、「これはアフタヌーン・ティーで、ハイティーではないのよ」と言った。

「ハイティーって、軽い夕食のことなのでしょう」と私が言った。「よくご存じね、肉料理なども出す夕食がわりのお茶で、庶民的なものなのよ」というのを聞きながら、私がなぜそんなことを知っていたのかしらと考え、それはクローニンの小説で読んだからだ、と気がついた。クローニンの〈三つの愛〉はルーシーという女性の一生をえがいた小説だが、主人公が妻であり、母親なので、食事の情景がところどころにくわしく記されている。

親類が集まってハイティー、友人を招いてハイティー、夫が会社から帰るのを待ちかねてハイティー、といった具合なので、その言葉をおぼえた。

イギリスはいまだに階級制度の残っている国で、上流の人々はアフタヌーン・ティーとして、紅茶とサンドイッチ、ケーキなどいただき、そのあとで遅いディナーをとる。ディナーの内容がたいしたものでなくとも、ハイティーとは決していわない。

ルーシーは料理上手、チャーミングだが自己主張の強い女性である。親類や友人に自分の存在をみとめさせたいとき、夫や息子の愛をしっかりつなぎとめたいときは、腕によりをかけて料理をする。

――粒よりの食べものが食卓に並んでいた。冷肉、パンケーキ、スコーン、うまそうなハム、お茶とトーストとパイ、みんな熱くて香ばしい匂いがしている。

「外はかなり寒くなってきた、海から霧が上ってるから」という夫に「熱くておいしいシェパード・パイをこさえておきましたわ」とルーシーは答える。

私はこのシェパード・パイ（羊飼いのパイ）というのにあこがれたものだが、食べてみてナーンダと思った。

あまり深くないグラタン皿の底と横にマッシュドポテトを浅くぬりつけ、まんなかに玉ねぎとひき肉をいためた種をおき、その上からフタをするようにマッシュドポテトをのせてのばして、チーズとパン粉をふりかけ、天火でこんがりと焼くという簡単なおそうざいふうであった。

そのような食事がハイティーで、ディナーのときはメニューがちがう。

――私のこしらえた自慢のゼリー、トリのスープ、カツレツにグリンピース、スポンジケーキ……

夕食は和気あいあいとして、献立もすばらしかった。すてきな舌肉《タン》の冷肉、まるまるとしたチキンの焼き肉と冷肉、それにおいしいサラダ、アードモア（土地の名）のいちごパイ、そしてチーズは、最上のダンロップだった。

このような小説を読んでいると、イギリス人だってたべものにずいぶん興味をもっているし、おいしいものをたべていることがわかる。

一日は紅茶に始まって紅茶に終る、といわれる英国人の朝はミルクティーから始まり、十時と三時にはティーブレイクという休み時間がある。「夕食のあとコーヒーを飲む人もふえているのよ」ということだが、寝る前はもう一杯、ミルクティーで終るのだそうだ。

私はコーヒーを飲むのは年に四、五回くらいで、いつも紅茶を飲んでいる。紅茶党だからイギリスのたべものも好きなのかもしれない。香り高く、色よく、おいしく入れた紅茶とこんがり焼けたトースト、サンドイッチ、クッキーなど、どんなご馳走よりもおいしいと思うことがある。

初夏の二つのパーティー

母の日には、庭のバラが美しく咲く頃なので、私は家族に呼びかけ、昼食会をすることにしている。バラはツルバラだがおどろくほどたくさん咲く。赤、白、ピンク、庭は花畑になる。棚に咲かせているオレンジ色のバラは、大輪で香りもよく、百、二百と咲くので、友人にも切ってとどけてよろこばれる。

「皆で持ちよりにしましょう」と言ってくれたので、今年の母の日は楽だった。

カレーライスの好きな母に、姉はエビカレーを作ってきた。下の弟の家では、大きな鉢に煮物を盛ってきた。

上の弟のところは、変った料理を作ってきてくれた。大皿の底に、しゃりしゃりのパンがあって、その上に、やわらかいトマト味のナスがトロッとかかっている。なんだかわからないけれどおいしい一品だった。聞いたらアラブの料理だということで、ついでに作り方も教えてもらった。

材料は牛ひき肉3百グラム。玉ねぎ1コ。生まのマッシュルーム1パック、または小さいカン詰1コ分。ナス15コ。甘味のないヨーグルト、カップ2杯、トマトソース大サジ4杯、スープをカップ2杯、白ゴマ大サジ3杯。

ナスはへたを取り、タテに割って小さいナイフをつきさして中央の実をほじくりだし、水につけてあくぬきをする。玉ねぎ、マッシュルームはみじん切りにして、バタでいため、そのなかに牛のひき肉も入れていため、塩コショーで味をつける。その具を、ナスのまん中につめる。

そのあとフライパンにバタをひき、ナスをいため、スープ、カップ2杯、トマトソース、大サジ4杯入れて、とろ火でやわらかくなるまで、ゆっくり煮こむのだそうだ。

青山の「紀ノ国屋」で、シャミというパンを買って、それをうす切りにして2センチ角に切り、バタで狐色になるまで、カリッと揚げいためにする。シャミが手に入らぬときは、サンドイッチパンの角切りで間に合うと思う。分量はカップ5杯ぐらいだ。それを深皿の底にしき、ヨーグルトをまんべんなくかけて、白ゴマのすったのをふりかけ、その上に煮えたナスをのせ、トマト色の煮汁をかける。

アラブの味は私たちアジア人の好む味でもあるのか、不思議なおいしさだった。

私はレタスのサラダと、ニース風のサラダを作り、母の好きなラザーニャを焼いた。ラザーニャは、ローマに歌いに行ったとき初めて食べ、作り方を教えてもらった。イタリー人の台所には、どんな家でも必ず大理石の調理台がある。それは麵を作る特別の台で、そこで家庭的な玉子入りひもかわうどんのようなタリアテッレ、ラザーニャなどこねる。

*

手うちのラザーニャは、舌ざわりがなめらかで、柔らかくて、すごくおいしいが、今夜のは市販である。

たて横約十センチ角の白とグリンのラザーニャを、大なべで柔らかくなるまでゆでる。ミートソースはそのままではなく、私は一度ミキサーにかけることにしている。そうすると、どろどろになって、歯ざわりがなくなるから、柔らかくゆであがったラザーニャとあう。

ほかに用意するものは、うす切りのチーズ、ピツァ用のあらくおろしたチーズ、それとサワクリームである。

四角いグラタン皿に、まずトマトソースを少々流しこむ。その上にラザーニャを平たく四枚並べ、うす切りのチーズをおく。そしてまたラザーニャを並べ、ミートソースをかけて、サワクリームをところどころにおく。これを三、四回くりかえし重ねていく。トマトソースをたっぷり使った方がおいしい。

グラタン皿に九分通りつみ重ねたら、一番上をラザーニャにしてトマトソースをかけ、おろしチーズをたっぷりかけて天火で焼く。こげ目をつけるより、とろっとチーズがとけた感じにしたいので、グラタン皿にはフタをするか、またはアルミホイルをかける。

「へー、こんな簡単に出来るものなんですか」と、新しく来たお手伝いさんが感心した。ラザーニャ、ニョッキ、カネローニ、一見むずかしそうで、自分の手には負えない料理と思いがちだが、トマトソースさえおいしく作っておけば、あとはわけはない。

トマトの安いときに、熟れすぎたのをたくさん買いこむ、冬場は仕方がないからカン詰のホールトマトを使う。厚手のなべに油をひき、みじん切りの玉ねぎをいため、しなってきたら塩コショーで味をつけ、固型スープをくだいていれる。その中に、皮をむいてざく切りにしたトマトを入れ、かきまぜてフタをし、とろ火でコトコトと小一時間煮る。水やスープを入れなくても、トマトから出る汁でとろっと煮える。この作りおきをしておくと、とても重宝だ。

はじめにサラダとアラブ料理、ラザーニャをたべ、次に白いご飯で、高野どうふ、ふき、椎茸、さといもの煮物をたべたり、カレーをかけてみたり……、デザートはフルーツゼリーと大皿で焼いたプディング。孫、子、三代集まってにぎやかなことだった。

母はベージュにうすいピンクの小さな花模様の絹のツーピースを着ていた。年をとって、かえって洋装になった。もう八十歳をすぎたのに、元気だし、おしゃれだから若くみえる。

六十代から七十代にかけて十年ちかく、腎臓と肝臓が悪くて寝たり起きたりしていたが「病をしぬいた」とでもいうのだろうか、この頃はスカッとしている。歩き方もサッサッと若い人のようだ。

最近とみに足が弱った父は「お前は昔から運動もしなかったし、とくべつ身体をきたえたこともないのに強いね」と、羨ましそうにいう。その度に、必ず「買物とバーゲンできたえていますからね」と答えるので、皆、笑ってしまう。母はショッピングが好きで、そのときは疲れを知らない人物となるからである。この春は雨や風の日が多くて、春らしいうららかな日は少なかったが、母の日は明るい陽がさして、おだやかなよい日だった。

*

月に二回、日比谷の〈エスパース・ジロー〉という店でミニコンサートを開いているが、六月の例会のあと、いつも聞きに来てくれる人達を夜食に招くことにした。七月はパリ祭でいそがしいし、そのあとは夏休み、半年のくぎりに皆とワイワイたのしもうという軽い気持だったが、友人がフランス大使館の方をさそったので少し気が重くなった。

練習が始まるのは四時だが、その前に美容院によりたいし、事務所にもちょっとでも立ち寄りたい。そうなると動ける時間は四時間。全部自分で作るわけにはゆかないので、ふだん「そういうことはあまりなさらないほうがよいですよ」といっていることをしなければならない。すなわち、なんとか格好をつけるため、市販のものを買ってくるというわけである。

六本木のトリ屋さんの鳥勝が、なんともおいしいローストチキンを焼いている、それで一品。フランス空輸の生チーズとおいしいバゲット、棒パンもご馳走の一つだ。やはりみんなお米がたべたいだろうから、ちらしずしを作ろう。これも最近発見した「京樽」の五目ずしの素で即製である。ご飯をたいて、五目をまぜ、大皿にたっぷりと盛りつける。せめてうす焼きの錦糸玉子だけは自分でたっぷり作って、下のおすしが見えないほど黄色にふりかけよう。その上に、赤いしょうがのセン切りも、ところどころにふりかけよう。でも、それだけではあまりにも心がこもっていない。せめて二、三品は大いそぎで作ろう。暑くるしい毎日だから、つめたいサラダを作ることにきめる。

そうきめたら、まず買物だ。近くにスーパーマーケットがあるので、サンダルをつっかけて、さて出かける前になり、そうだ、コップやお皿の用意をさせなくてはと気がつく。新しいお手伝いさんがきて初めてのお客様だから、その夜、つかうものを出して、台所のテーブルの上に並べてあげなくてはならない。

「これを洗ってね、そして積み重ねてここにおくのよ」

「この氷入れはね、夜九時になったら氷を入れて応接間におくのよ」

「コップはここに並べてね」といった具合だ。

「お皿とコップを洗ったら、玄関をお掃除しておいてよ」と言い残して、いそいで出る。

*

まずサラダだが、とうもろこしは粒のカン詰を使う。キャベツは約半コ、セン切りにして塩でもむ。きゅうりは5本、小口切りにしてやはり塩でもむ。玉ねぎは半コ、薄切りに。トマトは3コ、みかん型に六つに切る。ゆで玉子3コ、トマトと同じように切る。ビン詰の黒いオリーブ10粒を用意する。

キャベツ、きゅうりをざっと水につけてしぼって、そのなかに、汁をきったとうもろこし、玉ねぎのうす切りをまぜて、ドレッシングで和えておく。ドレッシングは油3、酢1の割に塩コショーである。これは冷蔵庫に入れておいて、さて、サービスというときに大皿に山盛りにする。そしてそのまわりに、トマト、ゆで玉子を交互に飾って、その上にマヨネーズを形よくしぼり出す。黒いオリーブはところどころにおくと、赤、黄、黒と色どりがとてもきれいだ。

フランス人は、このようなサラダを東洋風サラダと呼ぶ。なんとなくエキゾチックな雰囲気にみえるからだろう。キャベツやきゅうり、とうもろこしのほかに人参やピーマンのセン切りを入れてもよいし、また、ツナや鮭のカン詰を入れればニース風サラダとなる。ビーツのカン詰をあけて汁をきり、フレンチドレッシングであえ、ガラスの深皿に盛る。

アスパラガスのカン詰もたくさんあけて、たっぷり深目の洋皿に盛る。うす切りの玉ねぎとクレソンを入れて、グリンサラダも用意した。

「じゃ、うすやき玉子は、うんと細く細く、切っておいてね」

「しょうがは少しでよいのよ」

「ナイフ、フォークのほかに、おはしも出しておいてね、そうそう、おつけものも一鉢つけましょうか」

「出先から、また思いついたら電話入れるわ」

心のこりに、あわただしく、もう少し時間があればと、後ろ髪をひかれる思いである。いつもそうだが、その日は突然思いついただけに、いつもの倍以上、心せわしかった。

仕事が終ったのは九時すぎ、「お家で夜食するの？」「すてき！」と皆よろこんでくれたが、私は気もそぞろだ。大使館のフランス人をさそって車にのせ、大いそぎで家に帰る。むし暑い夜で、雨が降りだしていた。

*

「家に招んでくださってありがとう、本当にサンパティック（友好的）だ」と、彼はよろこんだ。台所にとびこんでハタと気がついた。ビールはいつも冷やしてあるが、白ブドー酒を冷やすのを忘れていた。困ったなと冷蔵庫の中を見まわしたら、一年も前に入れて、そのままにしていたシャンペンが一本、目にとびこんだ。

「これだ、これだ」とナフキンに包んで、私はあけられないから、「すまないけど自分であけて飲んで下さいな」と渡す。私は一刻も早く台所に入って料理の指図をしたいのだが、あとの友人達がまだ着かないから、相手をしていなくてはならない。

「黒い服に蝶ネクタイの正式ディナーはもううんざり」「こういうパーティーが本当のパーティーですよ」と彼はご機嫌だが、私は台所へゆきたい。やっと後続部隊がついて、知らない人同士を紹介しているところへ、ピアニストの結城さんが来てくれた。「なにか弾いてよ、お願い」というと、「ムード作りね」と笑いながら引き受けてくれた。

台所にとびこんで、買ってきたローストチキンを指でひきさき、サラダをきれいに盛りつけ、おすしの上に錦糸玉子をふりかけ、パンを切って、かごに山盛りにし、チーズとバタも大皿にのせる。合間をみて皆のところへ顔を出す。

知らない同士、けっこうすぐ友達になってしゃべりこんでいる。飲みものも、氷も、簡単なおつまみも出ているのだから、勝手にやっていてほしい。「自分のことは自分でせよ」とふざけ半分に、本気で言って、また台所へかけこむ。手つだってくれる人も多くて、三十分後には、テーブルに、あるだけのご馳走が並んだ。

「おいしい、おいしい」「これなんなの」「へえー、いま作ったの」「こんなにご馳走が出るとは思わなかった、感激！」

などとほめられて、ほっとひと息ついた。皆のうれしそうな顔をみながら、やっぱり決行してよかったと、しみじみ思った。

スパゲティとローマの思い出

「うらやましいですね」と言われるが、この年になるのに、私には両親がそろって生きている。父は九十三歳、母は八十二歳、姉も弟二人も健在である。昔からお祝いごとの好きな一家で、誕生日はもとより、母の日、父の日、クリスマス、お正月、お花見、お月見と、よく集まる。父母が年とってからは、それが前よりもいっそうはげしくなった。五月の母の日は、今年も私の家にみな集まった。六月はしとしと雨のふるなか、弟の誕生日だ。七月の初めは姉の誕生日で、そのあとにパリ祭がきて、暑い暑い八月は、私と父の誕生日がつづいた。

各家庭から一品ずつ持ちよりの夜もあるが、たいていはその家のものが作っている。その家その家の得意料理があり、それが楽しみである。

両親の家はたいてい和食で、必ずでてくるものにお赤飯、がめ煮、玉子焼きがある。がめ煮は父の郷里、久留米のふるさとの味で、いわゆる筑前煮だが、野菜もトリも、筑前煮よりずっと小ぶりに切る。田舎風に甘辛く煮るが、玉子焼きも父の好みでとても甘い。お正月にもお祝いごとにも、がめ煮と玉子焼き。食欲のないとき、病気のときも、がめ煮と玉子焼きがでて、それで父のご機嫌がよくなるという仕組みになっている。

姉の家は必ずローストビーフを焼く。こどもも男ばかり、孫まで男の子二人という家庭だから、ローストビーフが好物なのだろう。上の弟のところもよくローストビーフを焼くが、これはアメリカへ留学していた弟夫婦たちの趣味のせいだろうか。下の弟は一番くいしん坊なだけに、奥さんにいろいろと注文を出すらしく、変ったものが出てくる。

それにしても、どのうちでも、自分たちの好物が中心のようだ。自分がおいしいとおもって食べているものを、皆にも食べさせたい、それが人情というものなのだろう。私も自分が好きでないものは、つい作らないし出さない。私は、いつもこの料理というのではなく、そのとき、こっている料理があって、半年か一年は、人がくるたびにその料理を作っている。

＊

この春からこっているのはスパゲティで、ゆでただけのとバジリコ入りと二種類作り、かけるソースは七種類八種類と、できるだけたくさん作る。

バジリコは、手に入らなければ、しその葉で代用してもけっこうおいしいし、パセリのみじん切りでもよい。またバジリコをペースト状にしたビン詰があるが、それも香りがしっかりしているので、サワクリーム、または生クリームとあえてまぜるとなかなかよい。

スパゲティだけは、ゆで上りのほかほかと湯気のあがるのを出すので、タイミングよく調理しなければならないが、ソース類は作りおきが出来るので、たくさんの人が来ても台所に入りきりということにはならないですむ。私の作るソースは、半分はおかずというか、一品料理に近いものにしている。

まず、トマトソースとミートソースをたっぷり作る。

それからスパゲティ・ボンゴーレ。この名は、だいぶインターナショナルになってきたが、とくにアサリの殻つきスパゲティはしゃれた料理である。

アサリは砂出しをしておく。玉ねぎ、それにニンニク少々、みじん切りにしておいて、オリーブ油かサラダオイルでよくいためる。そのなかに殻つきのアサリを入れ、白ワイン少々入れると、プツプツと殻がひらく。それを深皿に入れて出す。アサリの殻つきがないときはみじん切りの玉ねぎをいためたなかに、むきみを入れていためる。赤い色好みの人にはトマトソースをからめる。

ナスのパルマ風というのも、このところ必ず作る一品である。南イタリーの料理だそうだが、南イタリーのトマトは真赤に熟れる。だから、ホールトマトのカン詰も、イタリーものを使うと、出来上りの色があざやかで美しい。

ナスは、たてにうすく切って、水につけてアクをぬく。ふつうの大きさのナスなら、4切れか5切れ位に切る。フライパンに油をしいてちょっとこげ目をつけ、しんなりするまで焼き、塩コショーしておく。四人から六人前くらいのグラタン皿に、ナスは10コ以上いる。これは、けっこう時間をとられるので、私は前日にいためておくことにしている。

来客当日は、グラタン皿にトマトソースを少々ひいて、その上に一列に、しんなりいためたナスをしきつめ、その上にピツァ用の切りチーズをのせ、サワクリームをところどころにおく。その上にまたナスを一列おき、トマトソースをのせる。これを三段くらいに重ねて、最後はトマトソースをかけて、その上に粉チーズをちらして天火でゆっくり焼く。

やわらかいナスとトマトソースはとてもよく合う味で、スパゲティの上にこれをかけて食べると、一瞬、太陽のかがやく南イタリーにいるような気分になる。

＊

最近こっているもう一品は、タラのトマト煮こみである。タラは一口大に切って粉をまぶし、かるく揚げておく。トマトソースの中に白ワイン少し入れ、揚げたタラを入れて、グッグッ二十分ぐらい煮て、出来上り前にパセリのみじん切りをたっぷり入れる。パセリのグリンとトマトソースの赤が目にしみる上に、パセリの香りが魚のくさみを消す。

これはタラとかぎらず、いためたエビを入れてもよい。ざく切りのイカとピーマンのいためたのをトマトソースで和え、その中に黒いオリーブをごろごろと入れると、なんともしゃれた雰囲気の料理ができる。要は、いためたニンニク、玉ねぎ、プラス、ホールトマトで、すっぱい味の好きな方は、ケッパースを少々入れても、またおいしいものである。

トマト色のものばかりでは、味が似てしまうので、ホワイトソースものを一、二品加えることにする。

カニのクリーム煮もおいしい。ほぐしたカニを、みじん切りの玉ねぎ、うす切りのマッシュルームとともにいため、塩コショーであっさり味つけをしてやわらかめのホワイトソースとまぜる。ひなどりのうす切りでも同じように作れる。もう一つ目先きをかえて、具をいためるときにカレー粉をふり入れて、カレー味にする。

スパゲティを作るときも、魚好きのせいで、どうしても魚ものが多くなってしまう。せめて一品は肉のものをと、ビーフストロガノフらしきものを作る。牛肉は、もし手に入ったら仔牛のほうが軽くてよいし、豚肉でもよい。肉はうすく切って、それから5ミり幅くらいの細切りにする。玉ねぎ、マッシュルームはうす切り、ニンニクはみじん切りにする。

フライパンにバタをたっぷり入れてニンニクをいため、玉ねぎ、マッシュルーム、つづいて肉を入れて強火でいためる。塩コショーで味をしっかりつけて、粉を少々入れ、さらに少しこげめがつくくらいにいため、ブランデーを少々たらして燃す。

その中に、生クリームをヒタヒタまで入れて、しゃもじでこげつかぬように底をかいていると、とろみがだんだんにでてくる。これを深皿にもる。

この作り方は、魚や貝にも応用できる。具をいためる。白ワインまたはブランデーをそそぎ、いったん具をとり出して、生クリームを入れて少し煮つめ、その中に具をかえして、合せて、あたためてからいただく。ボンファム的な料理法だが、簡単なわりにこってりとまろやかな味で高級料理の感じがする。

テーブルの真中に大皿に盛ったスパゲティをおき、そのまわりに、赤、白、黄色、とりどりのかける料理をずらっと並べるとき、とても豊かな気分になる。

「あーら、すてき!」と皆もよろこんでくれる。

少食の母も少しずつ違ったソースをかけて、三回おかわりをした。父は、ナスのパルマ風が一番おいしいといった。

たぶん〈シシリアン〉という題名だったと思うが、ギャング映画をみたことがあった。ジャン・ギャバンがギャングの親分、アラン・ドロンがちゃちな子分で、最後に殺される。なかなか見ごたえのある映画だったが、親分の家で、家族そろって夕食をするシーンが印象的だった。

大きなテーブルに、ずらりと家族が並ぶ。大皿に山盛りのスパゲティがでてきて、家長であるジャン・ギャバンが、一人一人の皿にとりわけた。

あらいギザギザの切りこみが入った、ハサミのようなスパゲティはさみ器で、ザクッとすくいあげた。私も同じものを見つけて、早速買って、スパゲティのときはそれを使っている。はじめて使ったときは、映画のシーンがまざまざとよみがえって、一瞬、ギャングの親分になったような気分になった。

*

スパゲティにもいろいろ種類があり、イタリー製もたくさん市販されて、おいしくいただけるようになったが、イタリーパスタの王様は、やはり、手うちのタリアテッレではないかと思っている。忘れられぬ味とは、そのときたべたタリアテッレ、ローマに住む日本人の友だちの家族が作った、作りたてをたべたときであった。

Ｋは音楽学校を卒業して、すぐ私の音楽事務所に所属した。耳ざわりのよい声だったが、なにか一つ人気がでない。弟思いのお兄さんが心配して、イタリーに留学させた。イタリーで歌っている、という手紙がきた。イタリーに来たらぜひ寄って下さい、といわれながらそれから数年がすぎ、ローマに彼をおとずれたときは、すでにイタリーの女の人と結婚していた。

あまり周囲のことを気にしないたちで自分の好きなように行動する青年だったが、それがイタリー人気質と合ったらしく、まるで昔からイタリー人だったみたいな顔をして迎えにきた。妻のテレサは、髪も眉も黒い、瞳の美しい小柄なひとで、看護婦をしているといった。

彼は街のキャフェや、春から秋にかけて盛んに行われるフェスティバルで歌っているときいたが、歌手としてあまり成功はしていないふうで、むしろテレサの収入のほうが上のようだった。それにもかかわらず、亭主関白ぶりを発揮して、テレサに日本語で挨拶をさせ、少しいばっていた。

「この人はごはんしか食べません」と、テレサがうったえるようにいった。イタリーに来てずいぶんになるのに、西洋料理は食べないのだそうだ。朝からご飯を炊かせて、おみそ汁をつくらせ、お茶漬さらさらと暮しているのだそうだ。

「ぼくはイタリー料理は嫌いですけど、先生のために、今夜はテレサとおばさんが二人がかりで本格的なイタリー料理を作りますから、安心してください」と言ってくれた。彼のアパートは、中庭に向った一階で小さいながらも三室あり、アット・ホームないい感じだった。夕暮どきは、イタリー人の甲高い声が中庭にひびきわたってにぎやかだった。

おばさんは、百キロもあるかと思える大デブだったが、笑顔のやさしい働きものだった。「ジェノベーゼと、それから魚や貝を入れたリゾット、たきこみご飯を作ります」と、テレサがいった。ジェノベーゼとはジェノヴァ風という意味で、手うちのパスタ、タリアテッレが添えられるのだそうだ。

*

このごろ海外旅行する人は、イタリーに行っても、ローマ、次にヴェニス、ミラノ、フィレンツェを訪れるくらいのもので「ジェノヴァにゆきました」という話はきかない。しかし、その昔、私の父のように四十日も船に乗ってヨーロッパ旅行をした人達は、かならずジェノヴァに寄ったようだ。

イタリーの門戸ともいわれる港町だから船が寄ったのかもしれない。「ジェノヴァに行ったとき」「コロンブスの生れたところ」「湾に面した美しい街だった」そんなことを、子ども心に聞いたおぼえがある。

チェーホフの芝居〈かもめ〉にも、ヨーロッパ旅行から帰ってきた医師が、友人に「どこがよかったですか」と聞かれて、たしか「ジェノヴァ」と答えたように思う。なぜかという問いに「にぎやかに人々がゆきかって、明るくて楽しかった」と答えた。静かな湖のほとりに、ひとり淋しく住む医師には、人々が絶え間なくゆきかう港町は印象的だったのだろう。その昔、ジェノヴァは大いに栄えたところと聞く。だからお料理にもジェノヴァ風という名がついているのだろう。

＊

私は、網やきの大きな赤いピーマンをひきさいて塩をふり、オリーブ油をかけた一皿を前に、イタリーのワインを飲みながら、二人が作るのをみていた。台所にある机の布をさっと取りのぞいたら、大理石の調理台であった。「イタリーでは、必ずこんな調理台があるんですよ」とKさんがいったが、それはパスタをこねるための台なのだった。

テレサはテーブルをきれいにふいて、半キロぐらいの粉を山形において真中をへこませ、玉子を4コわり入れた。フォークでその玉子をかきまぜる。水と油を少し入れて粉をまぜてゆく。なかなかよい手つきなのに「あーア、油なんか入れて、水と玉子でよいのに」おばさんは、舌うちせんばかりになげいた。自分がやりたいのだ。

粉と水、玉子をこねる。相当な力仕事なので、テレサもいやになったのか、おばさんと選手交代した。

彼女はプロだった。プロというより、むしろ名人芸をみせた。すごい力で、こねてこねてこねまくる。それからめん棒でひきのばす。のばしてのばして、直径一メートルくらいまでのばして、その上に軽く粉をふって、両わきから5センチ幅に折り、端から1センチぐらいに切ってゆく。その切り口のなんと美しく、なんとよく揃っていることか。これをたっぷりのお湯でゆで、ふわっと浮き上ったら出来上りなので、手早くざるに上げる。

ジェノベーゼの仔牛は切りわけ、その煮汁をタリアテッレにまぶして食べる。その口あたりの柔らかさ、優しさ、おいしさ。決して忘れることの出来ない味であった。

「ジェノベーゼは、タリアテッレでなく、トレネッテ（タリアテッレより少し細めのひもかわうどん的なもの）のほうがよかったかもしれない」と、おばさんがいった。「タリアテッレ・アル・プロシウトなら、ぼくだって好きだな」と、Kさんがいった。タリアテッレの中に、うす切りの生ハムをまぜ、トマトソースをかけてたべるのだそうだ。

「この人の好きなイタリー料理は生ハムだけです」とテレサがいった。

「昨夜はギターラを作ったのですよ。おばさんは、こうやって毎日、手うちでパスタを作るんです」。ギターラとは、ギターの弦のようにピンとはった針金のすきまから押し出したパスタだそうだ。

なんと羨しいこと、私も毎日食べたい。でも、毎日食べたらふとってしまう。Kさんがふとらないのは、イタリー料理がきらいなせいだろう。

「また来て下さいね。お好みのパスタを作りますよ」ににこしながら、おばさんがいってくれた。

つい先頃、Kさんはテレサを連れて、お国帰りをした。「おばさんはどうしてるの」ときいたら「病気でなくなりました」といわれた。おいしいパスタのたべすぎは、やはり身体によくなかったのだろう。

アブゼリ、クネル、お芋のお焼き

「アブゼリを食べたわ」と言ったら、「それはアラブの料理ですか」と聞かれた。「アブゼリって何かご存じですか」と聞いたら「ゼリー」「ふわふわのメレンゲがのってる」という答えが返ってきた。私の聞いたかぎりでは、アブゼリを知っている人は一人としていなかったが、それは、油揚げとセリのすきやきなのである。

京都へ行くと、私は必ず写真家の斎木幸子さんに会う。彼女は五代つづいている老舗「京扇堂」の一人娘だが、独立して写真家となり、写真館を開くかたわらシルクロードの写真をとっている。丁稚さんのたくさんいる大きい家で育ったそうだが、「京都の人はシブチンだからね、芋棒なんてけったいなもんが名物になるのや」と言った。そして「アブゼリ」の話をしてくれた。

主人たちが牛肉ですきやきをする。丁稚さんたちが羨ましがるから、使用人には、油揚げとセリですきやきを作って食べさせるのだという。「油揚げが肉や」

「どうして食べるの」

「すきやきふうに煮て、それに玉子つけて食べるん」

油揚げが牛肉の代りで、それに玉子をつけて食べるとはおどろいた。でも、何だかおいしそうだ。一度たべてみたいと思い、やっと作ってもらった。大きなお皿に、みずみずしいセリが山とつまれて、別のお皿には四つに切った油揚げが並んでいた。その油揚げは、私たちがいつも買っている、黄色っぽくてふわんとたよりないのとはちがって、うすい厚揚げふうで、しっかりしていた。

よいセリがあってよかった、と彼女はうれしそうに言ったが、セリは何とか手に入るにしても、これほど立派な油揚げは東京では手に入らない。東京でそれを真似るなら、厚揚げを買って、まわりを五ミリぐらいに切ってまわりだけを使って煮れば、なんとか京風アブゼリに近よれるだろう。

濃いめのわり下で油揚げを煮て、このあとにセリを入れ、しなったところでとり出して、といた玉子をつけて食べた。さっぱりと、しかしこってりと、何ともおいしい。

「牛肉なんてなくてもよいわ」「コレステロールもふえないし」「素敵だわ」

うれしくなって、パクパクたべた。

＊

パリへ行った初めの頃、レストランへ案内してくれた人が、クネル・ド・ブロッシェをごちそうしてくれて、「これはね、日本のハンペンみたいなものですよ」といった。白身の魚のすり身で作った料理だからである。そのときは、ああそうか、といった感じでたべたのだが、リヨンで食べて、まったく考えが変ってしまった。

おいしい酒どころにはおいしいたべものがあるという譬えどおり、リヨンは素晴らしい街だ。パリのキャプシーヌ劇場で六カ月公演した頃のことである。そのレビュは、あとリヨンのセレスタというオペラ座と契約ができた。全員そろって、二カ月リヨンへゆく、という。リヨンといえば、当時私には、学生のころ読んだ永井荷風氏の〈ふらんす物語〉が思い出されるだけの土地であった。

百人もの歌手や踊り子が、貸切りの列車に乗りこみ、リヨンへ向った。

私が「少し太ったから、リヨンへ行ったら減食しよう」と言ったら、みな笑いだした。「バカね、リヨンってたべものがおいしいところなのよ」「私なんか、たべるのが楽しみでゆくんだわ」と、口々に言う。パリへ来て、すでに三年目を迎えていた。

フランス人が食いしん坊なことも知った。おいしいたべもののあることも知っているつもりだった。しかし、リヨンで二カ月、フランス人の中に入って、いつもいっしょに食べ歩いて、私はフランス人なみの食いしん坊になってしまった。

いままでは、レストランに行っても、だいたい見当のつくものを、あたりさわりなく食べていた。しかし、四人五人とまとまって、毎日リヨンのレストランをたべ歩いていると、いままでみたこともない料理を注文している。「あら、それなに。とてもおいしそうね」と、ひとくちたべたりして、私はいろいろな料理の味を知った。

リヨンの名物はトリ料理、そば粉のクレープ、それにクネル・ド・ブロッシェだった。パリでは、細長い、一見ソーセージふうのクネルがお皿の上に横たわっていて、ソース・ノルマンド、またはエビかザリガニの頭からとったオレンジ色のソースが、かかっていた。それはそれでおいしかった。しかし、リヨンのは違っていた。

細長いグラタン皿にオムレツ型のクネル・ド・ブロッシェがのり、その上に柔らかいクリーム色のソースがたっぷりかかり、天火で焼いてあった。ぐつぐつぶつぶつ、テーブルの上にのってさえ、グラタン皿の中のクネルは、少し踊るように上下にゆれていた。そのおいしさ、その感激、私を食いしん坊にさせたはじまりは、この〈リヨンのクネル・ド・ブロッシェ・グラタン〉なのである。

一度、このクネル・ド・ブロッシェを作りたいと思っていた。

＊

クネルの作り方を書いた本が見当らないので、たまたま目に入ったラ・ルュースの字引きを開いてみた。クネル＝肉だんご、とある。私はクネルとは、魚かエビ、またはザリガニなど魚貝類で作るもの、と思いこんでいたから、とても意外だった。クネルという言葉は、すりつぶす、くだくの意味で、そうした肉や魚を玉子とルーでつなぎ、おだんご状にしたものなのだ、と書いてあった。

肉だんごでもクネルなのか。私が冬の鍋料理のためによく作る、トリのたたきのおだんごだってクネルじゃないかと、いまさらのごとく再認識した。

ゆでたてのクネルには、熱いソースがかかって出てくる。肉類のときのソースは、ソース・シャスールか、プロヴァンサルだろうか。

そこで私は、まず、肉だんごクネルにいどむことにした。野鳥のクネル、仔牛、豚、鴨、肝、フォワグラ、いろいろと種類のあるのにいささか圧倒されたが、私はトリ肉と豚肉で作ることにした。

四人前として、トリのささみ3百グラム、豚ひき肉2百グラム、玉子1コ、ブランデー少々、塩コショー。トリと豚にしたのは、ラ・ルュースの材料をみると、肉のほかに必ず仔牛や豚のじん臓の脂というものを、肉と同量くらい入れている。そんな脂は、どこをさがしても見つかりっこないし、脂というなら豚のひき肉はじゅうぶん脂気があるので、ためしに豚肉を入れた。そしてそれは、味の上でも、また柔らかみを出す上にも、成功であったと思う。

ささみは、まな板にのせて、庖丁の背中で身をはがすようにしてたたき、豚ひき肉とまぜてすり鉢にとり、すりこぎでよくすった。塩コショー少し入れて、ブランデー少々たらし、玉子はボールにとって、泡立て器でよくかきまぜてから、肉といっしょにして、さらにすりこぎですり合せた。

本格的には、この中にパナードを入れる。パナードとは何かとよく読んでみたら、シュークリームの皮のもとで、その作り方も書いてあった。

とかしたバタと水と牛乳、そのなかに塩、コショーをふり入れ強火にかける。グラグラ煮たったら火からおろして、メリケン粉はざぶっと入れて木杓子でぐるぐるよくかきまわす。そのねっとりしたペースト状のものを、また火にかけて、五分くらいこげつかせぬように水分を蒸発させ、火からおろした後、よくときほぐした玉子を入れてまぜたもの、それがパナードである。

正式に作るのがめんどうだったので、私は粉をつなぎに入れて、耳たぶぐらいの柔らかさにして、細長く形を作って熱湯の中におとして十五分ゆでた。ゆで上りをふきんの上にとって水気をとり、ソースをかけていただくのだが、ちょっと手ぬきをした手前、上りぎわは少し手を加えた。

グラタン皿にトマトソースをしいて、クネルを並べ、上からまたたっぷりトマトソースをかけ、ところどころにサワクリームをのせてから、ピツァ用に切ったチーズをたっぷりのせて、グラタンふうに焼いてみた。なかなかおいしかった。

＊

そこで、こんどは、あの白いハンペンを使って三種類のハンペン・クネル料理を作った。ハンペンは、六つに切ってバタで両面をさっといため、レモンをふりかけた。ホワイトソースを作り、グラタン皿にそのソースをしいてハンペンを並べ、上からホワイトソースをかけた。チーズの粉をふって、天火でこんがり焼いた。一つは、ホワイトソースの中にカレー粉を入れ、カレー味にしてみた。

もう一つは、レモンの代りにパプリカをふり、その上から、トマトソースをたっぷりかけた。来合せた人たちに食べてもらったが、みなはじめはハンペンだと気がつかなかった。

「おいしい」といってくれたが、カレー味がいちばん口に合ったらしく、すぐなくなってしまった。しかし、これは、アントレ、すなわちメインディッシュにはならないな、と思った。自分がハンペンだと知っているせいか、なにかもの足らないのだ。

蒸したり、バタいためした魚のつけ合せにしたら面白いかもしれない。つけ合せなら、おいしいソースに包まれたやわらかいハンペンは、なんだかわからない、ちょっと素敵なお料理のように思うだろう。

それとも、小さい平たいグラタン皿に入れて、オルドーブルとして出したらもっとよいかも知れない。その場合は、サンドイッチパンをトーストにして、バタをぬるか、揚げパンにして三つに切り、そのうちの一枚をグラタン皿にのせ、その上にハンペンをおいて、ソースをたっぷりかけて、チーズの粉もふりかけて、天火でこんがりと焼いて出す。

＊

そんなふうにハンペンの実験ばかりしていたら、今度は、本格的なクネル・ド・ブロッシェがたべたくなってしまった。

川ますの身で作るのが本格的クネル・ド・ブロッシェだそうだが、白身の魚または鮭でもよいとあった。これもまたパナードを入れると書いてある。そしてまた、仔牛のじん臓の脂も入れると書いてあった。魚、パナード、脂が同じ量とある。

さて、どのように作ってみようかと考え、まずタラを買った。そして脂は牛の脂にした。そして今度は、パナードというのも作ってみた。パナードはすべて目分量で、耳たぶぐらいの感じにねりあげた。タラの身は、皮、骨をはずし、そぎ切りにしてすり鉢ですった。

パナードとすり身を半々の分量にあわせてよくまぜ合せ、細長いクネルを作った。もう一つ、本に書いてあるとおり、牛の脂をすりつぶし、脂1/3、パナード1/3、すり身1/3のクネルを作ってみた。なべに湯をわかし、パナードとすり身だけのを入れて、約十五分ゆでてふきんの上にとった。

つぎに、湯の中に牛の脂をまぜた方を入れたら、どろっと分離してしまった。脂がとけたために、かたまらないのだった。だからはじめの、パナードだけのでリヨン風にグラタンにして、ちょっと得意になってたべた。

手つだってくれたIさんは、台湾と香港で育った人で、私に輪をかけた食いしん坊である。「もったいないですね、あんなに手をかけたのに」という。

「これ焼いてみようかしら」と、ひとりごとをいいながら牛の脂をまぜた残りをもって台所へ行ってしまったが、しばらくしたら丸いお焼きのようなものをお皿にのせて、「おいしそうでしょう」と食堂に入ってきた。白っぽい厚いホットケーキのようなものがこんがり焼けて、たしかにおいしそうだ。辛子じょうゆをつけてたべてみたら、ねっとりとしたすてきな歯ざわりだ。

「大根もちみたい」と、Ｉさんは嬉しそうにいった。中国料理のおそうざいに、〈大根もち〉という一見、名古屋のういろうのようなものがある。うすく切って油でいためて食べるのだが、ねっとりした深い味が、たしかに「大根もち」に似ていた。

「おいしいわね」「ほんとに」二人で全部たべてしまった。

＊

〈お焼き〉というのは、おいしいものだ。お好み焼きはみなよく食べにゆく。しかし、家庭ではあまり「お焼き」は作らないようだ。いろいろとおいしいものがあるのになあ、と思い出した。

南仏の青い海、碧い空の下で、イベット・ジローは、じゃがいもと玉ねぎの「お焼き」を作ってくれた。フランスでは〈クルスタード〉といった。ねっとりと柔らかい舌ざわりで、味がすみずみまでゆきわたっているような、今まで食べたことのないものだった。

四人分としてじゃがいも6コ、玉ねぎ3コ、塩コショー、バタ少々。じゃがいもと玉ねぎは皮をむいて、あらいおろし金ですりおろし、ふきんで包んで水気をとり、塩コショーで味をつける。

フライパンに油とバタ半々に熱し、その中に流しこんで両面焼く。フライ返しで押しつけるように、ゆっくりと焼きめをつけ、ふたをして弱火で十五分むし焼きにし、中まで火を通す。こんがり焼くと、まわりがカリッとして、それはそれはおいしいものだ。じゃがいもというと、私たち日本人はマッシュドポテトで食べることが多い。マッシュドポテトの中に、みじん切りの玉ねぎやひき肉のいためたのなどまぜてホットケーキ風に焼いたりする。しかし生まのじゃがいもをすって焼くという料理法は知らない人が多いが、ぜひぜひ一度ためしてほしい。

ドイツの西ベルリンに住む田中路子さんのところへうかがったときも、カルトフェル・プファーというお焼きを作っていただいた。田中路子さんといっても、若い人は知らないだろうが、芸大の先輩で、ウィーンに留学して、コーヒー王といわれたマインル氏と結婚し、華やかな話題をなげたひとである。マインル氏の後ろだてのもとに、ヨーロッパで、オペラに映画にと活躍されたひとである。

カルトフェル・プファーは、四人前としてじゃがいも6コ、玉ねぎ1コ、玉子2コ、メリケン粉茶サジ2杯、べつにベーコンのうす切り6枚。この作り方もイベット・ジローと大して変らないが、路子さんはミキサーで作った。

じゃがいもと玉ねぎは皮をむいてざく切り、中に玉子2コわり入れ、メリケン粉、塩コショーを入れてミキサーにかけてどろどろにした。それをフライパンの上に少しずつおとし、直径十センチぐらいのじゃがいもパンケーキを作った。ベーコンはうす切りをまた小さく切ってフライパンでゆっくりいため、油を充分に出す。その油と、カリカリになったベーコンを、パンケーキの上からかけていただいた。

「仕事のあとの夜食によいのよ」「寒いときなど、ベッドルームで自分で焼きながらたべるの」といわれた。親しくしている中国のM夫人も、シュツァイシアピンという、おいしい「お焼き」を作ってくれた。これも、生まのじゃがいもをすりおろし、その中に干エビ、お酒、カタクリ粉少々入れて油で焼く。

干エビは水につけてから使うと教えられたが、エビの香りがえもいわれぬ風味をつけているのに感心した。フランスでもドイツでも中国でも、同じような料理を人々は工夫して食べていると思った。

なんとおいしい好子ムース

しばらく下火だったシャンソン界も、近ごろは少し陽があたってきたらしく、七月のパリ祭コンサートは、東京だけでなく、大阪、神戸、静岡など他の十都市で行われるほど盛んであった。

しかし乗りうちが多かったので、いささか疲れた。乗りうちとは、汽車から降りたらその足で会場へ向い、練習に入り、夜の本番を迎えることである。静岡などは近いから、本番が終ると、いそがされるままに荷物をととのえ、お化粧をおとすひまもなく帰りの新幹線に乗る、日がえりの旅だった。

そんなことであわただしい七月を送ったので、八月はゆっくりと休みをとり、例年のごとく、母と共に軽井沢へいった。

毎夏の事だが、どういうわけか、私がいくと、必ずといってよいほど嵐がくる。

その年は、せっかく長い夏休みをとったのに、連日雨が降り、肌寒く夏休みの気分ではなかった。その上、このときは長野県が、大型台風の通路になった。朝からざわざわと前ぶれの気味わるい風が吹いていたが、午後からは吹きぶりの嵐となって停電になった。

翌朝は大木があちこち、というより、ところかまわず倒れていた。ゴルフ場など、千本以上も木が倒れ、数日間は閉鎖する有様だった。

停電の上に断水となった。「どうしようもないわね」と、お手上げの状態でため息をついていたら、隣家に住んでいる朝吹登水子がきて、彼女の家では水はでているという。「なにもないけど、夕食にいらっしゃいよ」といってくれたので、渡りに舟とばかり「じゃ、一品、私も作るわ」と、急に楽しい気分になった。

「町に行ったけど、皆、店を閉めてたから、こんなものでごめんなさい」と、登水子は弁解したけれど、トリのカレー、トマトの天火焼き、ピラフが出た。私は、ツナやじゃがいも、きゅうり、キャベツ、トマト入りのニース風サラダを作って持参した。

ご主人のアルベールは、美術骨董の店を出していて、軽井沢でも展示会をしていたので、売りものの燭台にローソクを立てて火をつけた。二台の燭台には数十本のローソクの炎がゆれた。暖炉に薪が燃えていた。気晴らしのために、母も私も少しおしゃれをしていった。だから、中世のお城にお招ばれしているような素敵な気分になった思い出もある。

今年は珍しく嵐が来ない上に晴天で気分がよかった。母一人で淋しいだろうと、いろいろな方がたずねて下さる。そこで今年はふだん作らぬ料理にも挑戦した。その中で、一番評判をえたのがムースである。やわらかく母にもむいていたのだろう、よろこんでくれた。

＊

私は、ふわふわとやわらかくババロアのようにみえて甘くないムースが大好きで、レストランへゆくとよく注文する。

「どうやって作るの」と作り方を聞いても、ややこしいので試してみる気が出なかった。本に出ているムースの作り方も、けっこう手間がかかるように書いてある。ガーッとミキサーにかけて出来上り、というわけにはゆかぬものかと思った。そこで、ある日、ためしてみた。やややこしいやり方のほうも同時に作ってみた。そして、簡単なやり方でも、それはそれなりにおいしくできることを知った。

ムースすなわちムスリーヌ。〈うす絹のごとくなめらかな〉という意味である。レストランで食べるムースはたしかにムスリーヌであるが、私のムースはいささかババロア的である。しかし、母もおいしいといってほめてくれた。作り方のやさしさにひかれてなん回も作り、いままで作らなかったことが悔やまれた。

スモークサーモンのムースは、四人前としてスモークサーモンのうす切りを6枚、スープカップ半杯（固型スープでよい）、ゼライス1袋半、玉子の白味1コ、ケッパース少々、生クリームカップ半杯、塩コショー。

スモークサーモンはざく切りにしておく。スープの中にゼライスを入れ、弱火にかけてとかす。冷めたらミキサーに入れ、スモークサーモン、玉子の白味、生クリームを入れ、塩コショーで味をきめたあとミキサーにかけて、シノワか裏ごしでこす。

これを形のよいカップ式のガラス器に入れて冷やし、そのまま食卓に出してもいいし、型に入れて冷やし、食べるときに皿にくるりと裏返して盛りつけてもよい。いただく直前にケッパースを三つくらいのせると姿も味もひきたつ。

うすいピンク色のふわふわ、すてきなご馳走である。スモークサーモンでなく帆立貝で作ってもおいしい。帆立貝の場合はバタいためをして塩コショーをして、白ワイン少々ふり入れたものを、スモークサーモンのかわりにミキサーにかける。あとは、同じように型に入れて冷やしてかためる。

それだけでいただいてもおいしいが「ソースがないとさびしいわ」とおっしゃる方は、帆立貝をいためたフライパンのなかにさらにバタをとかし、生クリームを入れ、白ワイン少々入れ、塩コショーで味をととのえて少し煮つめると、おいしいソースができる。あさつきを小口切りにして少々ちらすとさわやかな色どりとなる。サフランを少々入れて黄色く仕上げてもしゃれている。白いふわふわの中に帆立貝の味もちゃんと残っている。

レバの好きな方なら、レバムースを作られたらもっと好評だと思う。その場合は、スモークサーモンや帆立貝のときのように白味は入れず、レバのくさみを消すために、シェリー酒かブランデーを少々入れてほしい。レバの代りにハムを使えば、ハムのムースが出来る。野菜のムースもさっぱりしておいしいものだ。ナスのムース、トマトのムース、かぼちゃのムース、エトセトラ……

ただし、私のやり方でムースを作る場合、野菜も魚貝類もレバも、みなしっかりと火を通す。すなわちバタいためしてからミキサーにかけなくてはいけない。その点だけは必ず守ってほしい。

ゼリーが重いので、冷やしているうちに下に沈んで、裏返しにしたとき、頭のところがゼリー状で残る場合がある。ゼリー状とババロア状の二色ムースかと思う方もいるようだからこれでも決して悪くはないが、全体をババロア状にふわふわに作りたい方は、ミキサーにかけたものをボールに入れて冷やし、かたまりかかったとき一度泡立て器でまぜあわせるとよい。冷やす時間をのぞけば、このムースにかかる所要時間はほんの十分か十五分である。

何とやさしく、何とおいしく、そしてなんと見た目に美しいことか、おどろくばかりである。お年より、子どもさんたちにもよろこばれる。お客様に出せば、「こんな手のこんだすてきなものを作って下さって」と感謝感激してもらえる。

＊

甘ずっぱい苺のソースをお皿一杯にはって、その上に魚貝類、生野菜をのせたヌーベル・キュイジーヌ風のサラダがある。レストランではじめて見たとき、あまりにもあざやかなソースに目をみはり、魚貝類に火が通っていないことにどぎもをぬかれた。いわば洋風おさしみなのだった。

「おさしみなら、わさびじょうゆで食べるほうがいいわ」といつも言っていたのに、ちょっと作ってみたくなった。

緑につつまれた高原の家で、苺の香りがするあざやかな赤いソースのサラダも悪くないような気がしたからだった。魚屋に行っていきのよい芝エビと帆立貝を買った。スーパーマーケットに行って、かいわれとセロリとマッシュルームを買った。

ほんとうは火を通す必要はないのだけれど、母がなまものをいやがるので、ぐらぐら煮立った湯の中に、からをむいたエビと帆立貝を中まで煮えないようにさっとくぐらせて、すばやくざるにとった。帆立貝は三、四枚のうす切りにした。エビも帆立貝も冷やしておいて、セン切りのセロリ、小口切りのマッシュルーム、かいわれとまぜ合せた。

苺（冷凍でもよい）はヘタを取って洗ってから裏ごしにする。そのなかに塩コショーをふり、サラダ油3なら酢を1の割合で入れ、それからレモン汁少々まぜあわせる。これをサラダとまぜ合せると美しさが消えるので、ガラス皿か白色の皿にソースをはるように流しこみ、その中央に、ソースの赤をたっぷり見せながらサラダを盛る。

「まあすてき」と、みな感嘆の声をあげてくれる。明るいグリンに仕上げたい方は、苺のかわりにキウイを裏ごすと、美しいグリンソースができる。

＊

私は、えてして一つの料理にこると、それぱかり作るくせがあるが、このところお客様用の前菜はベトナム風である。パリにはベトナムのレストランが何軒かある。中華料理に似ているが、やはり違いがあり、私たちには珍しくまたおいしい。南方の串焼き、サッテみたいな料理もあったし、天ぷらそばみたいなスープもあった。

その一品一品を、はっきりとはおぼえていないが、前菜はいろんな具が小皿にのって出てきて、それをサラダ菜に包んで食べるのが、とても好きだった。いろいろな具、それも、いまは具体的に思いだせない。ただひとつ、細い麵がすだれの如くきれいに並んでいためてあるのが、サラダ菜とよく合って、とてもとてもおいしかったことが忘れられない。

一列にきれいに並べていためる術を私は知らないので、沖縄風そーめん、チャンプルーを包んでみたら、よく似た感じだった。チャンプルーとは、沖縄の家庭料理で、いため料理のことである。

ナスのチャンプルー、にがうりのチャンプルー、そーめんのチャンプルー、なんでもラードでいためる。そうめんのチャンプルーにもいろいろ作り方はあるようだが、私が教えてもらったのは、小口切りのねぎとほぐしたツナ入りのチャンプルーだった。そうめんは固ゆでで、ゆでたあとは水にさらさず油いためをするのがコツである。

ツナ入りそーめんチャンプルー、これはなにもサラダ菜につつまなくても、夜食や軽い昼食にもってこいの料理である。しかしそれをサラダ菜で包むと、外がわはさっぱりの葉、中は油気のあるやわらかい麵で、そのアンサンブルがなんともいえずよいのだ。

お客様を招くとき、私は深めのガラス皿にサラダ菜をたっぷり形よく盛りつけてテーブルのまん中におき、揃いのガラス皿に、五、六種類の具を作った。私がよく作る生野菜のオルドーブル的なものを何種か、それからセン切りのいため野菜。しめじ、えのき茸、生椎茸、マッシュルームなど、きのこ類ばかりいためたのをサラダ菜に包むのもさらによかった。

インド風に玉ねぎとしょうがのみじん切りをよくいため、ひき肉を入れ、カレー粉を入れてよくよくいためたなかに、ゆでたグリンピースをたっぷり入れ、塩コショーでしっかり味をつけたのも「おいしい、おいしい」と、みなおかわりをして食べてくれた。「今日は具をなににしよう」と考えるのは楽しかった。

＊

母はご飯ずきだ。「オムライス作りましょうか」「簡単にね」こんなお昼が多かった。残りご飯を玉ねぎのみじん切りといっしょにいためてトマトケチャップで味をつける。玉子は2コ、オムレツを作るときのようにほぐして塩コショーで味をつけ、小さいフライパンには油を熱し、ちょっとバタをおとし、そのなかにジャッと玉子をあける。少しかきまわして半熟になりかかったら、まん中にご飯を入れて二つ折りにまとめて出来上り。お子様ランチのオムライスとは少々ちがうのだ。お子様ランチのオムライスは玉子がうすやき玉子で乾いていて、そのなかにたっぷりのトマトライスが入っている。私のオムライスは、オムレツのようにジャッ！ といためてかきまわした中に、具のようにトマトライスを入れるから、口あたりがやわらかくて、とてもとてもおいしいのである。

＊

パリに初めて行ったときは、いまのように日本料理店もなく、おしょうゆ、おみそも売っていなかった。日本から来た友人が「なにか食べさせて」と訪ねてくるので、やむを得ず料理を作るようになった。

さんざん失敗を重ねながら、少しずつうまくなった。料理の作れる女は幸せだとしみじみ思う。

いまは手抜き料理人

うちでお客さまと食事することはいろいろあるが、いまの私の場合は二つにわけられる。

一つは音楽会が終ったあと、人数も多いし、時間も遅いから、レストランにいくより家で食べましょう、という場合。もう一つは、久しぶりにおいしいものを作るからゆっくり食べましょう、というディナー。

ついさきごろまで私は、どんなときでも自分で作ったものを食卓に出す主義だった。主義などというほどむずかしいことではなく、お客さまをするときは自分で作ったものを出さねばならない、手を抜くのは悪いことだ、と思っていた。しかし、このごろは、なにからなにまで自分で作って出す、ということをせずに、ある程度、市販のものを買って間に合わすようになった。

昔からこうしていれば、もっとらくで、目をつり上げてキリキリ舞いすることもなかったのに、と思う。

音楽会のあとの場合、いままで必ず煮こみ料理を作っておいた。よく作るのはビーフシチューで、人数も多いし、みんなも疲れているから、あたたかくてボリュームのあるビーフシチューは好評だった。

ビーフシチューというと大変のようだが、この頃はホールトマトのカン詰という、大変にありがたいカン詰が市販されているので、作り方も楽になった。

大きいフライパンに油をひいて大ぶりに切ったニンニクをいため、その中に塩コショーをしたシチュー肉を入れてこんがりいためる。これはビーフでなく、トリ一羽を十くらいに切ってもらった骨つきのぶつ切りでもよい。その中にザーッとカン詰のトマトをあけて、コトコトと煮て出来上り。野菜入りがよい方は、そぎ切りにしていためた玉ねぎ、人参、生しいたけやマッシュルーム、じゃがいもなども入れる。

なーんだ、そんなに簡単なのか、と思われるかもしれないが、フランスの家庭のおそうざいというのは、だいたいそんなもので、あまり手はかけずに、あっさりと作る。

かんたんな食事のときは、そのひとなべのほかに、市販のローストチキン、山もりのレタスのサラダ、おいしいパンとチーズ、そんなところだ。

ローストチキンとレタスのサラダは出合いものである。レタスは洗って指でちぎり、よく水気をとる。このレタスと、うす切りの玉ねぎをドレッシングでよくまぜ合せたサラダは、ローストチキンといっしょに食べると、味がひき立って、アーおいしいと思うのだ。

＊

もちろん、それだけのメニューとは決まっていない。手ぬき料理人となった私は、フランス人が涙を流さんばかりに喜ぶ〈カスレ〉まがいの一品もときどき作る。カスレといういんげん豆の煮こみ料理は、作家アナトール・フランスの好物で、彼の書いた本の中にもカスレの話がくわしく書かれている。フラン・ノアンという詩人は、カスレの調理法を詩で書きのこした。

そうそれはラングドック地方でのことだった
私は思い出す　甘美な思いと共に
和《やわ》らいだ火の上のキャスロールを
その中では白いいんげん豆が煮えている
忘れちゃいけない　香料とトマトと玉ねぎ
二時間煮たら　こんがり焼いた豚と羊の骨つき背肉
小さいソーセージと鴨の皮と一緒にして　器に入れて天火で焼く

焼いていると表面に層が出来る
それをわりほぐして　又天火に入れる
それを七回くりかえそう　七回目に指をつっこんでなめてもよい
それはなめらかで完璧で
ラングドックの特別のごちそうで
白いんげん豆のクリーム　又はカスレと呼ばれているものである。

と、こんな意味の詩である。

このカスレがアメリカに渡り、西部開拓の人々の手により簡略にされたのがポークアンドビーンズではないかと私は思っている。

西部劇を見ていると、その夕食は、金物のカチャカチャと音のする粗末なウツワで、豆のようなものをすくって食べている。それがポークアンドビーンズで、日本のマーケットでもカン詰を売っている。それを買っておいて、急なお客に間にあわす。

そのカン詰は、ポークアンドビーンズとは名ばかりで、ポークは探しても見あたらないほど小さい。だから家でだすときは、必ずソーセージの二つ切りを何本か入れて、よく温めてだす。

ソーセージといっても、この頃は細いの、太いの、ニンニク入り、香料入り、生ソーセージといろいろの種類がでている。私はニンニク入り、香料入りのを買って冷凍しておき、急場にそなえている。これもあたたかくてボリュームがあるので、若い人たちに人気がある。

*

台所に入れないくらい忙しいときは、赤坂の「ニューとんかつ」からサンドイッチを買ってくる。これは、トンカツ、きゅうり、玉子の三色サンドイッチで、きゅうりはうすいうすい輪切り、玉子もなかなかおいしい。二包みが一人前で七百円。中味がたっぷりつまった楽しいサンドイッチである。それを大皿に積みあげておく。三種が一包みになっているので、たとえあまっても、みな大よろこびでお土産にもってかえる。

ダーク・ダックスと歌っていたころ、打合せのときによく買っておいたが、みんな、とても楽しみにしていてくれた。

「有職」のちまきずしも、笹の葉でちまき型につくってあってすてきだ。中身は玉子、エビ、鱒、鯛。笹をむいてたべるのがたのしみである。

おすしのときは、煮ものを大鍋に作って、土鍋に移してだすことも多い。これは牛のかたいスネ肉を三センチに切って、水、酒、しょうゆ、みりんでコトコト二時間くらい煮たなかに、大ぶりのそぎ切り大根を入れて、さらに一時間、煮る。大根は二本使うが、やわらかく煮たスネ肉と大根は、テーブルに出したとたんになくなってしまうくらい評判がよい。

新じゃがの出るときは、あばら肉を買ってきて、たっぷりの玉ねぎと共に煮るが、これもおいしい肉じゃが料理である。

あっさりと骨つきのトリと丸のままのカブを煮ることもある。おとうふのあんかけを大きい土鍋に入れて出すこともある。そんなときは、邪道かもしれないが風味が増すので、おしょうゆ味の中に、固型のビーフコンソメやチキンスープの素を、私は少し入れている。

しばらく台所に立たないと、何か淋しくなって、友だちでも呼んでみようかなと思う。テーブルの都合上、六人から八人で食べることが多いが、まずメニューを考えるのが楽しい。

＊

最近こっているのは、オルドーブルとして、野菜を主としたものを十品ぐらい出して、そのあとは、あたたかい料理を一品だけだすやり方だ。お客さまを招くときは、三日前から少しずつ用意してゆくと、当日あわてなくてすむ。

オルドーブルの十品はいつもいつも同じではないが、必ず作るのは、きゅうりだけのサラダ、トマトのサラダ、玉子サラダ、ポテトサラダの四品で、グリン、赤、黄、白と、目にもあざやかである。

きゅうりはところどころタテに皮をむき、ぶつぶつ切って、フレンチドレッシングで和える。最後にパセリのみじん切りをふり入れると、グリンがさらに濃くなって美しく、香りもよくなる。

トマトは薄い輪切りを平たいガラス器に並べ、その上にみじん切りの玉ねぎをふりかけ、ドレッシングをかける。トマトのサラダだけ出すときは、その上にゆで玉子の黄味だけを裏ごししてふりかけ、さらにパセリのみじん切りをパラパラとふると、赤の台に黄色、グリンがのって、美しいすてきなサラダになる。

玉子サラダは母の好物なので、ふだんでもよく作る。かいわれ菜を洗って、三つくらいに切り、先のうすいグリンの葉のところは別にしておく。

かたゆでの玉子4コ、ザクザクと大ぶりに切り、かいわれの葉ではないところを入れて、マヨネーズでざっくりまぜ合せる。皿にサラダ菜をしき、その上に玉子をこんもりとよそって、その上から残しておいたかいわれのグリンの葉をパラパラふりかける。玉子の甘い舌ざわりと、ピリッとしたかいわれは合性である。

フレンチドレッシングは、そのとき、そのときに作ったほうがおいしい。油3、酢1、そして塩コショー、とフランス人はいうが、日本人は油2とした方がよいかもしれない。

泡立て器など使わなくても、おはしでかきまぜるだけで、出来上りである。好みによってマスタードを入れてもおいしい。

カリフラワーのオルドーブルも悪くない。ゆでてフレンチドレッシングで和えただけでもよいが、私は変化をつけるために、カレー粉を少々入れることにしている。

母がとうもろこし好きなので、粒状のコーンのカン詰を使ってサラダを作ってみた。キャベツはセン切りにして、塩もみをして、水洗いしてしぼってからドレッシングと和える。その中に汁気を切ったコーンをたっぷり入れる。このコーンのキャベツまぶし的なサラダは、けっこうおいしいと皆にほめられた。きゅうりもみを加えたらさらによい。

あまりにも野菜ばかりでは、まるで健康食か美容食を食べさせられているようになってしまうので、ハムやソーセージの一皿を加えることもある。私の好きな店は、銀座の「ケテルス」と六本木の「ブッツ」である。

ケテルスではドイツ風のニンニクや香料入りのソーセージ、サラミやソフトサラミなどがおいしい。パンもいろいろな種類を売っているが、ライブレッドやうすい茶色のバウアンブレッドがハム、ソーセージにあう。ズルツェという豚の頭のゼリーがためも、うすくうすく切っていただくと、さっぱりしておいしい。

ブッツはドイツ名だが、売っているものはちょっとフランス調で、ズルツェはないが、そのかわりにフランスでフロマージュとよばれる豚の鼻のゼリーよせを売っている。ズルツェとフロマージュはよく似ている。悪食《あくじき》ときめないで口にされたら、おいしいのにびっくりされることとおもう。

ブッツで一番おいしいのはソルトポークというハムで、これを食べたら他のハムはたべたくなくなってしまう。この店ではレバのゼリーよせやサラダ類、田舎風のパンなども売っていて、店の奥の小さいスタンドで食べさせている。

このようなソーセージやハム類を大皿にのせ、ピクルスを飾って一品だすこともあるし、また、青山の「紀ノ国屋」でキッシュを買うこともある。紀ノ国屋の二階ではパテやテリーヌ、豚や牛肉をペースト状にすりつぶしたリィエットなど、いろいろな洋風おかずを売っている。

キッシュはチーズと玉子入りのパイのようなもので、紀ノ国屋ではベーコン入り、玉ねぎ入り、ほうれん草入りの三種を売っている。そのまま食べてもおいしいが、持ちかえってロースターか天火であたためればもっとおいしい。これもサラダだけのオルドーブルに加えると、こってりした味がひきたってよろこばれる。

紀ノ国屋には、ちょっとしたパン屋さん以上にいろいろな種類のパンがある。そのなかで私のもっとも好きなパンは、サンフランシスコ・サワーブレッドと呼ばれる、ちょっと酸っぱみのある食パンである。かつてサンフランシスコに住んだユダヤ人が焼いたパンなのだろうか。珍しい味のパンで、トーストにして食べると、あと一枚、あと一枚とあとをひく。

＊

最近私のこっている冷凍食品は、ニチレイのパイシートである。他のメーカーのものはためしていないから、それが最高とはいえないが、折りこみパイ生地の冷凍で「パイ皮などというめんどくさいもの作るの、やーめた！」と叫びたくなるほど素敵なものである。

パイシートを二センチ幅に細長く切って、その上に粉チーズをふりかけてロースターで焼くと、こんがりと焼けたおいしいチーズパイができる。これはビールのおつまみにピタリである。

小さい角切りにしたパイシートに、薄く切ったプロセスチーズを挟んでサンドイッチにしてロースターで焼く。狐色にやけた熱つ熱つのパイの中で、チーズがとろっととけている。

おいしい！　すてき！　みな歓声をあげる。小さいウインナを、このパイシートでくるっと巻いてもしゃれている。

チキンパイ、ミートパイ、魚のパイ、貝入りのパイ、甘党の人は果物のタルト、クリームパイ、チョコレートパイ、いろいろ工夫して楽しめる。

このパイシートを初めて買った日、さっそくためしてみたかったが、手元にたいした材料もない。台所をみまわしたら、ほうれん草があったので、それをゆでて細かいみじん切りにして、固ゆで玉子を粗いみじん切りにしたのと一緒にしてホワイトソースで和えた。小さい焼皿にパイシートを敷いて、その中に具を入れ、上は細く切ったパイシートで碁盤縞に飾ってローススターで焼いたら、こんがりふっくり狐色に焼けたのでうれしくなってしまった。

中味はなんでもよいのだ。カニや芝エビのクリーム煮ならもっと豪勢だし、タラやヒラメなど白身の魚のトマトソース和えもすてきだ。

ひき肉と玉ねぎをいため、それだけだとぱらぱらしてしまうので、ホワイトソースをちょっと、とろっとからめて詰めればミートパイが出来る。マッシュルーム、しめじ、えのきだけをいためて、ホワイトソースで和えて入れると、とてもフランス風なパイが出来る。

つい最近は、トリのトマトソース煮こみがあまってしまったので、それを少し小さめに切ってパイの中に入れ、上を飾って焼いてみたら、立派な一品として、またおいしくいただくことができて感激した。

これは作りおきがきくので助かる。パイシートで飾りつけたのを冷蔵庫に入れておけば、パイの形はくずれないので、いただくとき天火かロースターに入れればよい。ロースターで焼くとき、火が近いので、中味があたたまる前にパイがこげてしまうことがある。その場合は、はじめはアルミホイルをかぶせて焼き、中味があたたまったころ、ホイルをとりのぞいてこげめをつける。

＊

「お料理を自分でつくらないなんて、だらしないわ」などといっていた私が、「おいしいものを売っている店を見つけるのも才能の一つよ」とうそぶいているのだから、困ったものである。

ただ私は、市販のものを出すときも、自分流に少しは手を加えているし、そればかり出すわけではないので、許していただきたいと思っている。

詩とマルセイユの魚料理

修善寺物語の作曲家、清水脩先生は、外語大を出た方なので、戦争中は東京音楽学校(現在の芸大)のフランス語の講師をされていた。

その頃、声楽科の生徒は、ドイツ語とイタリー語かフランス語の二カ国語をとらなくてはならなかった。皆イタリー語をとった。オペラ歌手をめざす人はもちろんだったが、フランス系の音楽は遠い感じであった。私一人フランス語をとったのは、フランスの映画や小説を好きであこがれていたせいだったと思う。

聴講生の来ることもあったが、たまには一対一のレッスンになることもあった。そんなとき先生は、フランスの現代歌曲を歌うことをすすめて下さり、詩をよむことを教えて下さった。フォーレやドビュッシーの歌をきき、自分でも歌うようになった。それが、シャンソンへの道につながっていたように思う。

「詩情を持たなくては、好い歌は歌えませんよ」といわれた。中原中也、草野心平、三好達治、立原道造と読みあさった。田中冬二の詩に出あったとき、私はその詩のなかから、澄みきった空気や、香りや、情景が目にあざやかにうかび、詩のすばらしさを知った。

山陰で銀行勤めをされていたというだけに、田中冬二の詩には、田舎の生活を歌ったものがたくさんあった。その反面、ロマンの世界を夢み、エキゾティズムな空想的な詩もあり、私にとってとくに興味深いのは、食べものを詩の中に織りこんでいることであった。

先生は、亡くなられる数年前〈八十八夜〉という詩集を送って下さった。品のよい布地でつくられた限定版で、私のいただいた本のナンバーは九と記されてあった。扉に、〈春愁を赤きポストに投函す〉と書いて下さった。

ここでは、先生の詩と私の食いしん坊をむすびつけて書かせていただくことにした。

秋になった
湖水の鱸《すずき》の美味いころとなった
秋の星座をうつしたしづかな湖水に
鱸はかなしくも美味になっていった

（松江）

身のしまった白身のすずきは、格調高く品のよい魚である。和風なら洗いでたべたい。しこしこと歯ごたえのある新鮮な洗いは、うんとうす切りにしてポン酢でたべるのが好きだ。フランス風になると、すずきのパイ包み焼きというのが最高の料理のようである。すずき一尾、姿のまま蒸して、パイの皮をかぶせて焼き、一人前ずつ切りわけていただく。

それも悪くはないが、私はむしろ、すずきはバタ焼きか、バタで焼いたあと少量の白ワインをたらして蒸した、あまり手をかけないものをおいしいと思う。

すずきのボンファム。これはすずきのみでなく、舌平目でも、トリでも、仔牛でも、同じように作ればおいしい。まず、うす切りのマッシュルーム、みじん切りの玉ねぎをバタでいためる。魚か肉の切り身を両面いためたら、マッシュルームや玉ねぎといっしょにして、塩コショーをふり、白ワインをそそいで蒸し煮にする。火の通ったところに生クリームをそそいで出来上り。ひどく簡単だが、味のほうはまろやかに、得もいえずおいしい。

*

食卓　頑丈で磨きのよくかかった
栗の木の食卓に

白い皿　ぎんのスプーン
ナイフ　フォーク
未だあかるい厨房では
姫鱒《ひめます》をボイルしてゐる　　　　（美しき夕暮）

音楽学校で最初に習ったドイツリードは、シューベルト作曲の〈ディ・フォレレ〉（鱒）であった。清らかな小川を鱒が踊るように泳いでゆく、リズミックな美しい歌であった。

シューベルトの得意料理は〈ディ・フォレレ〉であったと書いた料理研究家がいた。いささか眉つばな話だが、ヨーロッパの人々は鱒が好きである。

ジュネーブに行ったとき、レマン湖のほとりのしゃれたレストランで鱒の〈オ・ブルー〉という料理をご馳走になった。一尾付けの鱒は、その名のごとく、うすい水色をしていた。つめたく冷やしてあるのにレモン汁をかけていただいた。「この料理はね、生きている鱒で作るんですよ、生きていなくてはブルーにならないのです」といわれた。高級料理である。

〈鱒のアーモンド・ソース〉、これもレストランのメニューでよく見る。バタいためのの鱒の上に、うす切りのアーモンドをこんがりバタでいためたものをかける。アーモンドの香ばしい匂いと、鱒のバタいためはよく合う。

私は釣が好きでよく芦ノ湖にボートを浮かべるが、春の放魚のあと、思いがけず十尾近く虹鱒の二年児を釣ったことがあった。釣りごたえのある大きさで、うれしくてうれしくて、今だにそのときの興奮は忘れられない。

その鱒は、まずその夜、塩焼きで食べた。とりたてだけに、最高においしかった。たまたま次の日は、友人を夕食に招いていたので、ゆでてさまし、ゆで汁ですき透ったゼリーを作り、大皿にこまかく切ったゼリーを敷いて、その上に皮をとった鱒を寝かせた。ピンク色の鱒の上にパセリのみじん切りを散らしたらとてもきれいだった。レモン、タルタルソースを添えて出したが、「材料まで自分でとって下さったのだから、たいしたご馳走だ」とよろこばれた。

＊

葉ざくらの頃の
ネルの着物は　かなしいものである
わけて　青いゆふぐれの
ネルの着物は　かなしいものである
ああ　このものういゆふぐれの散歩に

私はアスパラガスをたべよう　（暮春・ネルの着物）

アスパラガスといえば、昔はカン詰だけ食べていた。うすいクリーム色のアスパラガスにマヨネーズをかけてたべると、ご馳走をたべた気分になった。

パリに行ったら、アスパラガスは、カン詰でなく、初夏から秋にかけて八百屋で売っていた。初めて見たときは、なにかと思った。皮がカサカサと白っぽい細長い野菜が、ゴロゴロと山積みで売っていたからである。それをゆでる。ゆでてから外がわのうす皮をむいたら、私の知っているアスパラガスがでてきた。カン詰より立派で、ぐにゃっと柔らかいのとは違って、新鮮な口あたりだった。

アスパラの出盛る頃は、一山いくらで安く売っているから、この時とばかり皆あらそってアスパラを食べる。ゆでたてのあたたかいのにオランデーズソースをかける味は感激的だ。

つめたく冷やして、ヴィネグレットソースに、マスタードをきかせてかけてもおいしい。

＊

カルルス温泉

銀鮭《シルバーサーモン》のフライ　レモンのうすい一片《ひときれ》
セロリのつめたい根
ナプキンの角《すみ》の赤い小さい縫とり乙女座《をとめざ》
ホップ草の花さく山腹を家畜の群のやうにゆく霧
（郷愁）

お魚のフライ。私は大好きで、よく作る。一番おいしいと思うのはひげだらのフライで、次はなんだろう。開いたキスのフライも、軽くてよい。

かますのフライもさっぱりしている。舌平目なら小骨はうるさいので、三枚におろして揚げる。おそうざいには鮭のフライ、アジのフライ、少ししつこいけれど、いわしを開いてフライにすることもある。レモンをたっぷりふりかけるだけがおいしい。

鮭といってもいろいろな鮭がある。ヨーロッパでは鮭はご馳走で値段も高い。キングサーモンというのは、紅鮭の事か、赤い色をしていた。「日本は鮭が安くて幸せですね」と言ったら、魚通の人が「それは質のよくないのを食べているからですよ。俗にドッグサーモンという奴です」と言った。人間はもう少し上等をたべるという意味らしい。

「シルバーサーモン」とは、何とすてきなひびきだろう。

＊

夕餉まちつつ
ほしぐさの中に
わたしはフランスを思ふ……
プレン・ソーダ水のやうなあなたの詩を
リラの花かげのやうなあなたの詩を　（フランシス・ジャムに）

フランスの詩人フランシス・ジャムによせる詩である。プレン・ソーダは、さわやかな飲みものだ。フランスでは、水はブドー酒より高いと人はいうが、その場合の水は、水道の蛇口から出てくる水ではなく、ビン入りのミネラル水のことである。

エビアン地方でとれる鉱泉は、くせのないおいしい水である。ヴィシー政権のあったヴィシーの鉱泉は少し泡がたち、少しすっぱみのある水だ。私が好きな鉱泉はペリエ。プレン・ソーダ水。それでいて何ともいえない口あたり、甘露とでもいいたくなる口あたりである。パリは東京とちがって空気がとても乾燥しているので、日本にいるときよりのどがかわく。キャフェに入って、さて何を飲もうかというとき、私は必ずレモン入りのペリエをたのんだものだ。

たっぷりと厚目の輪切りにしたレモンの一切れが浮いているペリエ。下のほうからタンサンの泡がぷくぷくと湧くようにあがってくるのを飲むとき、「パリに来た」という感慨が身にしみる。

*

あなたはマルセーユ風の魚料理を得意としそれを誇りにした
あなたは藤色のコスチュームがよく似合った
それで私はあなたをウォスタリアと呼んだ　(ウォスタリア)

マルセーユ風の魚料理とはブイヤベーズの事か。マルセイユの古い港、そこはコの字型になっていて、大小さまざまのレストランが軒をつらねている。

軒先きでは、若者がかきやムール貝の殻をむいていて、太ったおばさんやおじさんが、「ブイヤベーズ、ブイヤベーズ」「たべてゆきなさい」と呼びこむ。

初めてその古い港を歩いたのは、ずいぶん前のことだ。パリで歌手としてデビューして半年くらいしたとき、マネージャーに、マルセイユへ一週間、歌いに行ってこい、と言われた。コントラクト(契約書)一枚持って、衣裳や譜面の入ったスーツケースを下げての一人旅は、たよりなく心細かった。

夜の仕事までの時間を、私は毎日もてあました。モンテ・クリスト伯で有名な牢獄の島、シャトー・ド・イフ、丘の上にそびえるカテドラル、ノートルダム寺院などの見物をしてしまうと、あとはたいしてみるところもなかった。食事を一人でするのは、苦痛に近かった。日本人は珍しかった頃で、それも若い女が一人でレストランへ入ってゆくのだから、皆ふりかえってみた。給仕は必ず、けげんそうに「お一人ですか」と聞いた。

古い港を歩きながら、いちばん人のよさそうなおばさんが呼びこむ店に入った。いちばん粗末な店がまえだった。ブイヤベーズという料理の名は、父が昔からよく話すので知っていたが、たべるのは初めてであった。

まず大きなお皿とスープ皿がおかれ、大ぶりに切ったパンがゴロゴロのったかごが出た。大きな器から、給仕はいろいろな魚を大皿にとりだす。そして、熱いスープをスープ皿にたっぷりそそいで「パンを入れなさい」とうながした。スープの色は、サフランの黄色が魚から出ただしのためかにごっていたが、よい香りだった。魚は小骨が多くておいしくなかった。スープを、ひと口飲んだ。なんともいえない、今まで口にしたことのない素晴らしい味だった。そのスープを吸ってやわらかくなったパンは、口の中でとろけるようだった。スープを飲み、パンを食べると、充実した満足感がからだじゅうにしみわたった。

それ以来、あれほどおいしいブイヤベーズにお目にかかったことはない。場所が、本場マルセイユだったこともあるだろう。そしてまた、その店は粗末な店だったから、気どらない本来の姿……即ち漁師が網に残った小魚を煮て作ったという、その形に近く作られていたからではなかったかと思う。

その後、パリのレストランで注文したブイヤベーズは、小魚はとりのぞいてあって、エビや白身の魚などがきれいに飾られて、きどった味だった。

＊

義兄がユネスコに勤めていたころ、ひと夏、家族そろってニースで過ごした。私も一週間遊びにいったが、朝市へゆくのは楽しみだった。おどろくほど新鮮な魚貝類が並んでいたし、エビやカニは、ごそごそ動いていた。

本格的ブイヤベーズを作ってみよう、ということになって、私たちは、アパートのコンシェルジェ（管理人）のおばさんに、酒屋のマダムに、レストランの給仕長に、ブイヤベーズの作り方を聞いてあるいた。みな一家言あって、それぞれ少しずつちがっていたが、皆、自慢の料理のようであった。

まず雑魚を一キロ買った。そのほかに、かさご、タラ、うなぎ、エビ、カニを買った。ブイヤベーズは、壺のような細長い鍋で、強火で作るものなのだそうだ。借りていた家の台所に、その鍋がちゃんと入っていた。

鍋の中に、つぶしたニンニク5コ入れて、玉ねぎのざく切り2コ分、皮をむいてちぎったトマト3コ、それに雑魚を入れて、棒でつついてたたきつぶした。そのなかに、塩、コショー、月桂樹の葉、粉のサフランを入れ、パセリのみじん切りと、オリーブ油カップ1杯、白ワインをカップ1杯入れたあと、たっぷり水をそそいで強火でぐらぐらと煮た。十分ぐらいでぐらぐら煮えてくるので火をとめ、雑魚のかすは残して、スープだけ別の鍋にうつす。

味をととのえ、そのなかに切り身のタラ（すずき、ひらめもよい）、ぶつ切りのうなぎ、エビはそのままで、カニは、こうらをはずして、四つ切りにして入れた。かさごはとても味が出るので、ぶつ切りにして入れる。そして、また十五分ぐらい煮たら出来上り。パンを添えて、大鍋のまま食卓にだした。

パンは、南仏の人は自家製のパンがいいというが、私たちの場合は、バゲット（棒パン）を大ぶりに切ってつかった。さっぱり食べたい人はそのまま、またはトーストにするが、こってりの好きな人は、ガーリックトーストにするか、揚げパンにすると、こくがでて、ますます満足することだろう。

トゥール・ダルジャンのいり玉子

「フランス料理は重くて、あまり欲しくなくなってしまったわ」などといっていたのに、フランスに着いたとたんから、「郷に入れば郷にしたがえ、さて、何をたべよう」「どこへゆこうか」とはり切った。

久しぶりだ。パリで一番おいしかったもの「それはいり玉子だった」といったら、「なーんだ」といわれてしまうことだろう。しかし、四百年の歴史をほこる鴨料理の店〈トゥール・ダルジャン〉のオルドーブルとして出てきた、石ガニとトリュフののったスクランブルドエッグといえば、少しは納得していただけると思う。

石ガニは、渡りガニみたいな殼の固いカニではないかと思われる。その身と、うすいレンガ色のおみそをまぜ合せて白ブドー酒少々入れて、おいしく煮えたのをスクランブルドエッグの上にのせる。その上に、たっぷり厚く切ったトリュフを一切れのせる。温めてある小さいグラタン皿の上に、やわらかいクリーム色の玉子、その上にレンガ色のカニ、その上に黒いトリュフ、色どりも優しい。そして、その口あたりのなんと柔らかく、なんとおいしかったことだろう。

スクランブルドエッグには、生クリームを少し入れるとこくが出る。バタをひいたフライパンで、これは強火で作るオムレツとは正反対に、うんととろ火で、または湯せんで、ゆっくりゆっくり仕上げる。生クリーム入りの玉子がバタとまざり合って、とろっとしてきたら火からおろす。日本のいり玉子のようにぼろぼろにしてはいけない。

柔らかい柔らかい玉子、プーンと磯の匂いのするカニ、それにトリュフ。すてきなアンサンブル、気どらないようにみえていて、デリケートなしゃれた一皿であった。

＊

数年前にトゥール・ダルジャンへ行ったときも、いり玉子を食べた。トリュフ入りのスクランブルドエッグ。

なぜかというと、私は、フランス人が目の色をかえて食べたがるトリュフのおいしさがわからないからであった。日本では松露《しょうろ》と訳すが、松露ともちがう、黒い固い梅干しのような形のトリュフ、トリュフは香りを味わうという。

トリュフの出荷で、一日じゅうトリュフの匂いをかいで働いた労働者たちは、全員、そのあまりにもすばらしい芳香に酔ったようになるときいた。しかし、この茸は、土の下にできるので、人間はなかなか見つけることができず、トリュフの香りと味を覚えさせた豚や犬にさがさせるというのでも有名だ。

初めてトリュフという名に出会ったのは、女学生の頃によんだ、フランスの小説の中である。小説の題は忘れてしまったが、カトリックの僧侶が夕食のテーブルについている一場面で、――お皿の上にはトリュフ入りのオムレツ、つめたく冷やした白ワイン――とあった。美食家の僧が、トリュフ入りのオムレツを前にして満足気にテーブルについている姿を想像して、トリュフとはどんなものかしら、どんな味かしら、と思った。

フランス人はみな、トリュフと聞くと目をかがやかす。しかし、パリに行って初めてのクリスマスに、フォワグラを食べて、その真中に鎮座した小さい黒いものがトリュフだと聞いたときは、全くがっかりして声もでなかった。「まさか」という思いだった。ゴミみたいに見えるし、香りも味も感じられなかった。

フランス人が感激するものが私に分らないと思うと残念でならないから、大好きな玉子といっしょに食べてみたら、少しはなにか感じるのではないかと思ってたのんだのだった。

トリュフは、こまかくこまかくきざんで、たくさん入っていた。柔らかいクリーム色の中に、黒い粒みたいに入っていた。プーンとよい香りがただよった。少し、ほんの少しながらトリュフの香りをかいだ。

それ以来、私は茸類を小さくきざんで、いり玉子を作ることを覚えた。マッシュルームのうす切り、ときにはしめじ、生椎茸など、バタいためしてから玉子とまぜ合せて、柔らかいスクランブルドエッグを作る。焼きたてのうすいトーストの上にのせて出すと、ちょっとしたオルドーブルにもなる。

こまかくきざんだ、きくらげを入れてみたら、香りはもちろんないけれども、一見トリュフ入りのようにみえた。

＊

トゥール・ダルジャンには、友人と三人でいった。友人のひとりは私と同じオルドーブルをとった。クルベット（芝エビ）とマスカットのサラダ。ゆでて皮をむいたエビの赤、皮をむいたマスカットの淡いグリン、それにうすく切ったセロリ、マッシュルーム、クレソンをあしらって、ソースは赤いラズベリーの色。華やかな美しいサラダだった。もう一人はリ・ド・ヴォー（仔牛の胸腺）のパテをとったが、これもきれいに作ってあり、おいしそうだった。

そのあと皆ちがったものを注文し、給仕の目をぬすんでは、サッとフォークをさし出し、他人のお皿の料理をひそかに味わった。

デザートは「もう何も入らない」といいながらも、皆はシャーベットを、私は珍しいので〈フルーツのグラタン〉というのを注文してみた。いままで、パリでお目にかかったことのない、初めてみたデザートだった。

「お皿が熱いですから、お気をつけ下さいませ」

黒服のベテラン給仕長がしずしずとさし出したお皿。白いお皿の上に、クリームがところどころ茶色に焼けたグラタンがのっているが、そのクリームのすきまから、うす切りの赤い苺、グリンのマスカット、バナナ、オレンジなどがほのみえるのだった。なんともこった見るからにおいしそうな料理であった。

グラタンといってもルーは使わない。クリームと玉子の黄味だけのグラタンだから重くない。〈冷たいサラダ、温かいサラダ〉ではなく〈冷たい果物に温かいソース〉であった。

このふしぎなとり合せのグラタンを、帰国して作ってみた。

約四人前として、バナナ1本、オレンジ1コ、苺6コ。バナナは一センチの輪切りにし、オレンジはうす皮をむいて、苺はたてに二つに切った。

バタをぬったうすめのグラタン皿いっぱいに果物を並べた。その上から、生クリームカップ1/2杯に、玉子の黄味1コと、砂糖大サジ4杯を入れてまぜ合せ、少し泡立てたものをかけて、天火の上火で、ちょっと上をこがした。

トゥール・ダルジャン級の出来上りで、思わず拍手をしたいほどだった。しかし食べてみたら、少しソースが多くてだぶだぶした。クリームの好きな方はこれでもよいかもしれないが、まったくトゥール・ダルジャンのように作るなら、クリームはもっと少なめに、果物の上にサッとかぶさるくらいかけて、手早く焼くのがよいようだった。クリームの中に、少々ブランデーをおとしてみたら、もっと香りが高くなり、高級な雰囲気となった。

これは、手軽に出来る珍しい素敵なデザートである。ただ、天火で焼く場合は上火でサッとこがさなくてはいけない。長い時間かけてグラタンにしては、果物が煮えてしまうので、この料理にはならない。

＊

翌日はシャンゼリゼの裏通りにある、〈ラ・マゼール〉という店にいった。食通のフランス人にすすめられて行ったのだが、店に入ったときはちょっと早すぎたのだろう。なかはガランとして、さむざむした感じだった。しかし、メニューはたいへん豪華で、料理も「さすが」という味だった。

私は、トリュフ入りのオムレツを頼み、アントレはモワール（牛の骨のずい）ののったうす切りのステーキにした。くいしん坊友達の一人はトリュフのシャンペン蒸しと仔羊のローストをたのみ、もう一人は、生まのフォワグラではじめて、アントレは鴨のローストだった。

温野菜は、小さいスポンジのような穴のあいたあみがさ茸のソテーと、ポテトのグラタンだった。パンはバゲットの他に、くるみ入りの黒パンがついていたが、それがとてもおいしく、心のゆきとどいた料理だった。例によって例のごとく「ちょっと味をみせて」「一切れここへのせて」といった具合でみんなで分けて食べた。

トリュフのシャンペン蒸しは、丸のままのトリュフがシャンペンを充分に吸って、柔らかく、ころころとお皿の上にのっていた。プーンとよい香りがした。

「これなのね」気は遠くなりもせず、呆然ともならなかったが、トリュフというこの魔物のような茸のよさを味わうことができた。

アントレの一位は、私のとったうす切りのステーキだった。赤身のステーキに、モワールの脂が素敵なハーモニーをかなでていた。肉はとてもよい香りがして、牛肉ってこんな匂いだったのだな、と感動しながら食べた。

八時をすぎると、広々と感じたレストランは満員となり、なごやかな、明るい雰囲気になった。お店にしても劇場にしても、お客が雰囲気を作るのだなと思った。

食前にシャンペンを飲んで、食事中も白、赤のワインを飲んだ。食後は野イチゴをたっぷり食べて、そして一人前一万円足らずだった。

トリュフのうす切りが一杯入っているオムレツをたべながら、私は、初めてパリに着いてマダム・カメンスキーという白系ロシアの未亡人の家に部屋借りをしたときの事を思い出していた。考えてみれば、もう三十三年も前なのに、まるで昨日の事のように思い出された。

——粗末なアパートは、セーヌ河の左岸で、エッフェル塔に近かった。かれこれ十四、五世帯が住んでいたろうか。その大部分は亡命ロシア人だった。四階に住む人は、夕暮れになるとギターをひいて、低い声でロシアの歌をうたった。

ベッドから飛び下りて台所に入ってゆくと、マダムは上っぱりを着てボールの中の玉子をかきまぜていた。お料理をするとき、マダムはかならず木綿の事務員が着るような上っぱりを着た。油はどこへはねかえるか分らないのだからエプロンなんか無意味だというのである。その木綿の上っぱりは、いつも台所の片すみにかけてあった。

「今夜はオムレツよ」

私は調理台の横におあずけをさせられた犬のように坐った。台所は一坪もあったかしら。せまくて、細長くて、中庭に向った窓があいて、流しや食器棚や、ガスこんろのおいてある細長いテーブルがある。私たちはいつも、この細長いテーブルの片隅で、食事をするのだった。(巴里の空の下オムレツのにおいは流れる)

この本を出してから、もう二十数年がすぎた。マダム・カメンスキーのハムのあぶら身のオムレツから、トゥール・ダルジャンのトリュフ入りのオムレツまでの長い年月、私の身の上にもいろいろな事があった。

＊

パリに住みついた伏屋順仁さんとも、久しぶりに会えた。彼は、日本では能を舞っていたが、のちパントマイムに転向し、東洋的な振りも入れて、独創的なマイムでパリの人々に好評を博している。

レピュブリック広場の近くに小さい劇場を買ったからみてほしい、と連れていかれた。百席たらずのチャーミングな劇場で、自分で設計して少しずつ直している。59年の春、彼とモーリス・テナクの二人芝居でオープンするということだった。モーリス・テナクはちょうど、かつて〈青い麦〉に出演し、日本でも人気のあったエドウィージュ・フィエールと共に〈夏の最後の夜〉という芝居に出演中であった。

「好子さんもここで二週間くらいシャンソンの会を開いてみませんか」といってくれた。パリでふたたびシャンソンを歌う……若い頃は、日本人の珍らしさと愛らしさ（？）で仕事が方々からいくらもきた。その頃はこわいもの知らずだったから、怖れもなく、誇りをもって歌っていた。けれど、いまはこわい。

彼の車でドライブにでた。

フランスの田舎はなだらかな平野で心がなごむ。小川にクレソンが浮いている。花に囲まれた水車小屋やジャン・コクトーの眠る教会などみてから、夕方、バルビゾンについた。バルビゾンの村に入る手前の広々とした畠は、ミレーの〈晩鐘〉の風景といまも変らない。バルビゾンの村は、昔と変らず落ちついたたたずまいの中にひっそりとしていた。

＊

バ・ブレオというホテル・レストラン、入口がバーになっていて、暖炉には火がもえていた。中庭の三方は、三階建て木造のホテルになっている。外は少し冷えていたので、暖炉の前に腰かけて「キール」をたのんだ。キールはシャンペンか白ブドー酒を台にして、カシスの赤い汁をそそぎ、ピンク色にして飲む食前酒である。

「新鮮なフランボワーズ（野イチゴ）がありますけど、カシスのかわりに入れましょうか」ときいてくれた。フランボワーズのジュース入りキールは、カシスとはちがった夢のような淡いピンク色をしていた。つめたくつめたく、トールグラスまで冷やしてあるのに、口をつけたとき「参った」といった気分だった。

初めて味わったフランボワーズ入りキール、いつまた再会できるか分らないだけに、しみじみ眺め、しみじみ味わった。

天皇、皇后がヨーロッパにゆかれたとき、バルビゾンで昼食をとられたのが、ここのレストランであった。心のこもったもてなしをする店なのである。

そのあとでいただいた夕食も実によかった。はじめに、うすくうすく切った生肉をたべたが、オリーブ油を少々ぬって、塩コショーをふりかけただけなのに、なんともいえぬふくいくとした香りと味であった。そのあと私は、赤えいのゆでた切身にきざんだトマトをあしらった、あっさりした料理を楽しんだ。

*

パリの街は、相変らず日本の観光客がたくさんいる。しかし、その中にまじって、伏屋さんのように、パリに根をおろして働いている人も多くなってきた。

昔はスナックをひらいていて、いまはエイジェントの会社を作った広瀬さん、一流の店で働いているヘアドレッサーの若者、樋口さんなどと食事をするときは、入りやすい家庭的なレストランへ行った。小さい店でも、なにげないかまえでも内容は充実していて、やはりパリジャンの胃袋は健在だった。

メニューをながめていると、店のマダムがいそがしげに寄ってきて「サラダ・クルディテがよいでしょう」といった。そうそう、生野菜ばかり何種類かで作るサラダ・クルディテというのがあったっけ、と思いだす。

広瀬さんは、「それからフォワ・ド・ヴォー、ここの仔牛のレバ、とてもおいしいんだから」とすすめて下さったが、テート・ド・ヴォーがあるのを見て「私は牛の頭にするわ」といった。牛の頭を食べるなんて、パリへ来るまで考えたこともなかった。パリへ住みついたばかりの頃、肉屋に入って、思わずキャッ！と声をあげた。目の前に仔牛の首がおいてあったからである。毛をむしられて、仔牛はうすいピンク色をして目をつむっていた。

買いもの袋を下げたマダムが入ってきて「テート・ド・ヴォーがあるのね」とうれしそうな声をだし、さっそく買って、袋のなかにポンと頭をほうりこんで持って帰るのをびっくりして眺めた。

「牛の頭を食べるなんて野蛮だ」とフランス人にいったら、日本のことをよく知っている人だけに、にやっと笑って「あなたたちだって鯛の頭たべて、目の玉がおいしい、というじゃありませんか。目を食べるなんて残酷だと思いますよ」といわれてギャフンとなった。

「テート・ド・ヴォー」の食べ方は二通りある。香りの高い草を入れて煮こんだのを、酢と油のヴィネグレットソースにつけていただく法、もう一つはドミグラスのソースで、こってりと煮こむ。

はじめは、味の濃いドミグラスソースのほうが食べやすいが、馴れるとゆでただけのほうがおいしくなる。なぜなら、仔牛の頭は軟骨状で、すっぽんの皮やアンコウに似ているが、脂があるので、さっぱりとヴィネグレットソースでいただくほうがおいしいのである。久しぶりにテート・ド・ヴォーが食べられて私は満足だった。「石井さんて、やっぱりフランス人的ね。私はもう二十年以上もパリにいるけれど、テート・ド・ヴォーは敬遠よ」と広瀬さんがいった。

たしかにはじめて食べたときは気味わるかった。しかし、私は子どもの頃からお魚は背より腹のほうを食べたがった。トリも皮のブルンブルンとしたところがついていないとつまらない。だからぶわぶわのテート・ド・ヴォーも、すぐ好きになってしまったのだった。

＊

長い滞在ではなかったが、久しぶりのパリでは、おいしいものをたくさん食べた。それだけではなく、音楽事務所を開いていた頃、日本になん回も招いたエンリコ・マシアスのワンマン・ショーを聞くこともできた。往年のスター、エドウィージュ・フィエールは、七十歳をすぎたであろうが、いまだに艶やかに、若い男に心ひかれる中年女の役を演じていた。

ミッシェル・モルガンも、コレットの〈シェリー〉に出演していた。「もういくつになったのかしら、七十歳に近いのでは」と思い、かつての美しさを思いだし、幻滅の悲哀を味わうのもいやだな、と心配しつつ劇場にいった。しかし、とても美しかった。遠目だったこともあろうが、身体の線もくずれていなかったし、人々が思わず拍手を送るほどきれいだった。

ニューヨークへいったときも、ローレン・バコールがミュージカルスに出て大活躍だったし、ミッキー・ルーニーや、アン・ミラーなどという、私の年頃の者には懐しい俳優たちがブロードウェイの舞台で活躍していた。ミッキー・ルーニーは、ジョークで人々を大笑いに笑わせ、アン・ミラーは、美しい脚線美をみせてタップをおどった。

黒人歌手レナ・ホルンもおとろえぬ声で歌っていた。はげしいリズムで踊りながら「身体の動くうちに踊っておかねば」と人々を笑わせた。盛りがすぎて、一時なりをひそめていた往年のスターたちが、またいっせいに返り咲いているのを目のあたりにみた。

日本では「あの人、よい年をしてまだ歌っている」といった批判的な目でみる人が多い。だから自然と歌うほうも「もう年だから」とひっこんでゆく。私も四十歳になったとき、自分は縁の下の力もちになるべきだ、さんざん歌ってきたのだから、これからは後輩の指導をするべきだと思って、音楽事務所を開き、あまり歌わなくなってしまった。

後輩を育てる仕事は、有意義であったとおもう。しかし、私は、また歌わずにいられれなくなった。生命かけてうたってきたその道からはなれることが出来なかったのだ。二十代には二十代の歌がある、四十には四十、六十には六十、若いときより、年をとれば、歌にも深みがますはずである。その人生の経験を、心から歌いあげることができれば、歌手として生きてきたしるしがある。

＊

私も「もう年だ」などとはいうまい。「もうダメだ」と人生を投げることはやめよう。そしてフランスやアメリカの往年のスターたちに負けずに第三の人生に向って歩いてゆこう。

あとがき

「たべものの随筆を書いてごらん、あなたは食いしん坊だから、きっとおいしそうな文章が書けるよ」

花森安治先生にすすめられて、暮しの手帖に連載させていただき、そして一冊の本になったのが「巴里の空の下オムレツのにおいは流れる」である。今でこそいろいろな料理随筆が本屋さんの店頭に並んでいるが、「巴里の空の下オムレツのにおいは流れる」は、そのはしりであった。それにつけても花森先生の着眼点のするどさに敬服せざるを得ない。

その本の中に、私はオムレツのことばかり書いたわけではなかった。

ただ、どこの家の冷蔵庫にも入っている、手近かにある食物として、玉子をとりあげ、かつてパリでたべたオムレツがとてもおいしかったことを、なつかしんで書いた。この本はよく売れて、昭和三十八年日本エッセイストクラブ賞までいただいた。

以来二十数年。シャンソン歌手の石井好子の影はうすくなり、オムレツの石井さんと呼ばれる身となった。

それまで、私は、人々の前に出るとき、濃い舞台化粧をほどこし、すその長いイブニングドレスを着て華やかに歌っている遠いところにいる人だった。それが、フライパン片手にエプロン姿であらわれたのだから、急にしたしみを感じて下さった方も多いようだった。

私のファン層は、以来ずいぶん変ったように思う。気取った上流夫人よりも、ふつうの人たちがだんだん、音楽会に来て下さるようになったし、知らない方からも親切なお手紙をいただくことが多くなった。私の生活自体も、少し変って、テレビ出演も、歌の番組の他に、お料理番組がふえた。

〈外国夫人の家庭料理〉という番組では、二年間レギュラーでお相手をしたので、そのおかげで、いままで知らなかった珍しい外国のお料理も、たくさん知ることができた。

随筆の依頼もうんとふえ、ピアノに向かう時間より、机に向かうほうが多くなった。「巴里の空の下オムレツのにおいは流れる」、この一冊を書いたおかげで私は前よりも料理通となり、料理も少しうまくなったのだから、私にとって、何ともありがたい本なのである。

この度、「東京の空の下オムレツのにおいは流れる」が出版されることになった。最近五年間「暮しの手帖」に連載したのを一冊にまとめた本である。

この本も、前の本同様、オムレツのことばかり書いたわけではないのに、さて一冊にまとめることになり、書いたものを読みかえしていたら、またまたオムレツが主体になっているので「巴里の空の下」ならぬ「東京の空の下」となった。

二十年前、「よほどオムレツがお好きなのですか?」と人に聞かれたとき、びっくりして「いいえ、あの題は〝パリの空の下セーヌは流れる〟というシャンソンをもじったもので」とか「オムレツのことばかり書いてるわけでは決してないのです」と、いちいち弁解していた。

しかし今度はもう覚悟をきめて、「オムレツの石井さん」といわれても、嬉しそうに笑っていようと思う。

何故なら「オムレツ」のおかげで、私は今までにないファンの方々に出あえたのだし、オムレツのおかげで二十年前より、ずっとずっと料理に興味を持ちだして、たべることのたのしみを、更に深く知ったからである。

石井好子さんは、大ばんぶるまい

高山なおみ

うちの母は料理が苦手な人でした。私が高校を卒業するまで、近所の幼稚園で長いこと先生をしていました。

外で仕事をしているから苦手というわけでもないのでしょうが、たぶん、おいしいものを食べたいという情熱が人よりも薄く、同じ時間をかけるのだったら、料理よりほかにやりたいことがたくさんあったのでしょう。

幼稚園から帰ってくると、大急ぎで買い物カゴをひっつかみ、また駆け足で戻ってきて台所に立っていた母のエプロン紐は、いつも縦結びでした。

母の幼稚園には小さな料理教室があって、園長先生の奥さんが先生をしていました。食器棚には金色の輪っかがついた白い洋皿が重ねられ、揃いの紅茶茶碗がいくつもふせてありました。銀色の重たいスプーン、ナイフにフォーク、透き通った飾り玉のついた、果物用の小さな楊枝。

いちばん下の段は本棚になっていて、雑誌「暮しの手帖」が並んでいました。料理本も何冊かあり、昭和三十八年に刊行された『巴里の空の下オムレツのにおいは流れる』も、その中にあったような気がします。

母はよく、いらなくなった雑誌や料理本をもらってきてくれました。

私は、学校の図書室で借りてきた絵本と同じように、料理本をめくっていました。当時は白黒写真でしたが、うちではけっして作ってもらえない、憧れのグラタンやロールキャベツなど、どんな味なんだろうと想像しながら、口の中をヨダレでいっぱいにして眺めていました。

『東京の空の下オムレツのにおいは流れる』をはじめて読んだのは、三十代のはじめの頃。オープンして間もない、地下の本屋さんで買ったのを覚えています。

その当時、私はレストランでシェフをしていて（そこは『諸国空想料理店クウクウ』というへんてこな名前の店でした）、旅先で出会った味に思いを巡らせたり、本を眺めたりしながら、いろいろな国の料理を作っていました。

まとまった休みがなかなかとれず、厨房に立つだけで一日が終わってしまうような慌ただしい毎日、遠くへ旅に出ることは叶わないので、空想料理の素はもっぱら本を読むことでした。

この本も、そんな中の一冊として手に取ったように思います。今から二十年以上も前のことです。

あれからいくど、ページをめくったことでしょう。

読んでいる最中、別の本に目が移ってそのままになっていたり、誰かに貸しっ放しなのを忘れ、また新しく買い求めてしまったり。布団の中で読みふけっているうち、オニオングラタンスープの味で頭がいっぱいになり、真夜中の台所で玉ねぎを炒めはじめたこともありました。

思いついたら、本棚からとり出してパラパラとめくり、どのページから読みはじめてもいい。そんな軽やかさが漂っているところも、この本の好きなところでした。

二年ばかり前に携わった映画の仕事で、サワークリーム仕立てのロールキャベツを作りました。ハワイ島で生まれ育った日系二世のおばあさんがこしらえる、十八番《おはこ》料理という設定です。

いつの頃からか、クリーム味のロールキャベツには、ひとにぎりのご飯を具の中に混ぜるのが私の定番になっていて、料理本でも紹介していますが、映画のときにもそれをとり入れました。

この本のはじめの方に、ロールキャベツのグラタンが出てきます。

——「コールドエル」という名のスウェーデン式ロールキャベツは、中身の具もちょっと変っている。ひき肉と同量のご飯を入れるのだ。そして、スープで柔らかく煮たあと、それをたべるのではなく、さらにグラタンにした。

上にかけたチーズの粉がこんがりと狐色にやけて、チーズのこげる匂いと、ホワイトソースの甘い香りが、部屋じゅうにただよう。ぐつぐつぐつぐつ、まだ皿の中で煮たっているグラタンを、食卓に持ってゆく。そして、大きなおさじで一人一人のお皿にとりわける。とろっとしたホワイトソースに包まれて、ロールキャベツは、ほかほか湯気をたてている。（中略）

めんどくさがらずに作ってほしい。本当に本当においしいのだから——

何を隠そう、私のロールキャベツは、石井好子さんの真似です。何度も何度もくり返して読んだあまり、すっかり自分のレシピになってしまったのです。

チーズスフレ、白身魚のクネル、ナスのムサカにチキンのノルマンディー風。ヴァカンスで出かけたスペインやタヒチ島、イタリアの懐かしい味。パリに暮らし、世界のあちこちを飛びまわっていた頃の思い出を、東京の空の下で綴った『東京の空の下オムレツのにおいは流れる』。あちこちにちりばめられたレシピは、洋風のものばかりだった印象があるのですが、改めて読み返してみると、すきやきや里いもの煮っころがし、なべ物などと共に、石井さんのお父さまやご主人のこともよく出てきます。初版は昭和六十年。あとがきには、「暮しの手帖」で五年間連載していたものをまとめたとあります。手もとにある「文藝別冊　石井好子」の年譜を見ると、石井さんが六十三歳のときです。さらに見てゆくと、彼女は五十八歳でご主人を亡くし、翌年にはお父さまが亡くなっています。

——夫は九月の初めに入院して三カ月後に亡くなったが、その三カ月の間に、私は三十五周年のリサイタルを開いたのだから、精神的にも肉体的にもとてもきつかった。食べたくなくても、食べてがんばらなくてはならない。（中略）

だいたい胃腸が丈夫なのだ。どんなに打ちのめされ、うちひしがれていても、目の前にご馳走が出てくれれば、食べるのだ。泣きながらだって食べる。

「大丈夫ですか」「しっかりしてね」といわれるたびに、私は、いささかやけ気味に、しかし涙声で「胃腸で勝負」と答えた——

——この冬は、一度もなべ料理をしなかった。いっしょになべをつっつく相手がいなくなってしまったから——

そんなにたいへんな時期に書かれたというのに、石井さんの文章はどこかユーモラスで、切なさは、隠し味のようにほんの少し混じっているだけ。

料理というのは、じめじめを嫌う性質《タチ》のものだということを、石井さんはよく分かってらしたと思うのです。おいしくできたら山盛りにして出してみんなで味わい、ケチケチせずにレシピまで教える。そんな大ばんぶるまいなところこそ、私がこの本を大好きな理由です。

（料理家）

文章を支える非凡な取材力

平松洋子

パリの空の下にオムレツのにおいは流れるが、東京の空の下にもオムレツのにおいは香ばしく流れ、いっそうおなかを空かせる。あとがきにも書かれているけれど、花森安治氏に「たべものの随筆を書いてごらん、あなたは食いしん坊だから、きっとおいしそうな文章が書けるよ」とすすめられて文章を書きはじめ、『巴里の空の下オムレツのにおいは流れる』を出版したのが昭和三十八年。たいへんな好評を得て、「暮しの手帖」を舞台に書き継いだ文章を編んだのが、本書『東京の空の下オムレツのにおいは流れる』である。刊行されたのは昭和六十年、一冊めから二十年余が過ぎている。

二十年余の歳月はなにをもたらしたのだろうか。自身では「シャンソン歌手の石井好子の影はうすくなり、オムレツの石井さんと呼ばれる身となった」と書いているが、自嘲でも自画自賛でもなく、周囲の変化をみじかい言葉でさりげなくユーモラスに描写しているところがすでにたっぷりと石井好子的である。「オムレツの石井さん」。それは、だれの書くものにも似ていない文章、料理への視線のたしかさ、食文化への足の踏みこみかた、多様な魅力にたいする評価であり、信頼の表現であるだろう。

三島由紀夫にしてからが『女ひとりの巴里ぐらし』のためにこんな文章を寄せている。

好子さんは自分のことを書くと、心のやさしい普通のお嬢さんにすぎないが、人のことを書くと、自分でも「意地悪」と言ってるように、すばらしい描写の才を発揮する。この本で、〈ナチュリスト〉の楽屋生活を書いた部分は、まさに巻を措くあたわず、再読三読に堪えるのである。（一部抜粋）

「すばらしい描写の才」はもちろん「人のこと」だけにとどまらない。それが料理に向かうときにも惜しみなく発揮されていることは、『巴里の空の下～』『東京の空の下～』を一読すればよくわかる。『巴里の空の下～』では、未知のおいしさを体験した驚きや興奮、弾みがあますところなく表現されているが、『東京の空の下～』では、食べものにたいしてもう一歩踏みこんだ姿勢が伝わってくる。つまり、料理に視点を据えて書くという意思がはっきりとあり、そのうえで原稿用紙に向かっているすがたが感じとれるのだ。とりもなおさずそれは、二十年の歳月がもたらした成果であり、もの書きとしての自負のしるしでもあったろう。

そのただなかの昭和五十五年、四十歳のとき再婚した夫、土居通夫が急逝した。そもそも夫と再会したのは土居に家庭があったころで、手紙のやりとりだけをこころの杖にして四年間ひたすら待ちつづけたのちの再婚だった。つづけて翌年には父、光次郎を亡くしている。父については、徳川夢声との対談での「ひと一倍、あたしは父親っ子」という告白からもわかるように、外国に単身飛び出していった愛娘をつねにおおきな愛情で包みこんだ父をどれほどたいせつにしていたか、想像するにあまりある。五十代のおわりに精神のよりどころをたてつづけに失いながらも書くことをけっしてやめなかったのは、歌うこと、書くことの両方が石井好子にとってすでに不可欠の支柱になっていたからである。

さて、料理について石井好子が書く文章を読むとき、いつも痛烈に感じることがある。舌を巻くといってもいい。それはまず、このひとの非凡な取材力である。

たとえば「浜辺のパエリャ・バレンシアーナ」。友だちからの葉書に「働いてばかりいないで、このようなところでゆっくり休んでみませんか」とあり、急に決心してスペインへ旅立つ。マラガの郊外のちいさな町に着いたときから、山羊、おばさん、野良猫、出合った風景がごく自然に描かれてゆく。あまりに自然な描写なので、読む者はまるで自分の視線のままに見ているかのようだ。初日の夜、レストランで食べたスペイン風オムレツのつくりかたを書き、翌日は遊びに行った海辺でパエリャ・バレンシアーナ（バレンシア風たきこみご飯）をつくるところに遭遇して、書く。直径一メートルの鉄鍋を火にかけ、お兄さんが満を持してこしらえるくだりときたら、じつにみごとだ。スペイン男が得意満面でポーズをつけながら料理するようすを描きつつ、同時にこの郷土料理があますところなく語られている。つまり、情景描写とつくりかたの解説が同時におこなわれているのだ。料理が進むにつれて勢いのよい音が爆ぜ、香ばしいにおいが鼻をくすぐり、読みながらわたしたちは鉄鍋のそばに立っているかのように生つばをごくりと飲む。さらには、シェリー酒と突出しのソーセージ、レストランの雰囲気やバーでの交流、途中で寄ったニースで出合ったチーズスフレ、タクシーの運転手に勧められたレストランで遭遇したトリュフとマッシュルーム入りキャベツ巻き。「見ただけで恐れをなしてしまった」小山のごとき兎肉のゼリー寄せさえ、わたしたちはどれどれと食指を動かしてみたい誘惑に駆られる。

非凡な取材力と書いた。それは、ただ詳細に見て知るだけではない。かんじんなものはなにか、的確に判断し、見逃さず、分析し、理解し、表現する。これらを順次なし終えてはじめて、取材は完結する。石井好子のエッセイにはおどろくほどたくさんの料理が登場するけれど、そのすべてにさきほど挙げたような思考の動きがまんべんなくほどこされており、さらには、楽しむ、食べるというみずからの経験を二重に通過させている。きわめて目のこまかい篩《ふるい》にかけられているからこそ、さらりと素朴な筆致でありながら描写に奥行きが備わり、人間の息づかい、暮らしぶり、文化の様相、土地の空気をかいま見せるのだ。だからこそ、いつ読んでもけっして古くならない。

それにしても、数多くの料理が登場すること！　くだくだしい説明などないのに、必要最小限の文章にしたがって読んでゆけばそのまま料理がつくれるというところも、奇跡のようだ。しかも、その料理をつくるうえで必要なこと、必要でないことがあらかじめ精査されているから、真髄だけがそこにある。わたしたちは「わあおいしそう」と素直に受け取っているだけで、ほんものの味に近づくことができるというしだい。なんという贅沢な文章であることだろう。

ひさしぶりに読みかえして、わたしは何年もつくったことのないムースをがぜんつくりたくなった。なかでも得意だったというスモークサーモンのムース。「何とやさしく、何とおいしく、そしてなんと見た目に美しいことか、おどろくばかりである」という文章を読むと、瞳をきらきらさせながら「ほらね、そうでしょう？」と微笑む表情が目のまえに浮かび、「ええほんとうに」。手を取り合ってむじゃきによろこび合いたくなるような、そんなしあわせな気持ちでいっぱいになる。

（エッセイスト）

『東京の空の下オムレツのにおいは流れる』は、
一九八五年十月に暮しの手帖社から単行本として
刊行され、二〇一一年八月に河出文庫化されまし
た。本書はその新装版です。

東京《とうきょう》の空《そら》の下《した》オムレツのにおいは流《なが》れる

二〇一一年 八 月二〇日 初版発行
二〇二四年 九 月一〇日 新装版初版印刷
二〇二四年 九 月二〇日 新装版初版発行

著 者 石井好子《いしいよしこ》

発行者 小野寺優
発行所 株式会社河出書房新社
〒一六二-八五四四
東京都新宿区東五軒町二-一三
電話〇三-三四〇四-八六一一（編集）
〇三-三四〇四-一二〇一（営業）
https://www.kawade.co.jp/

ロゴ・表紙デザイン 粟津潔
本文フォーマット 佐々木暁
本文組版 株式会社創都
印刷・製本 中央精版印刷株式会社

Printed in Japan ISBN978-4-309-42136-0

巴里の空の下オムレツのにおいは流れる

石井好子 42135-3

下宿先のマダムが作ったバタたっぷりのオムレツ、レビュの仕事仲間と夜食に食べた熱々のグラティネ——一九五〇年代のパリ暮らしと思い出深い料理の数々を軽やかに歌うように綴った、料理エッセイの元祖。

女ひとりの巴里ぐらし

石井好子 41116-3

キャバレー文化華やかな一九五〇年代のパリ、モンマルトルで一年間主役をはった著者の自伝的エッセイ。楽屋での芸人たちの悲喜交々、下町風情の残る街での暮らしぶりを生き生きと綴る。三島由紀夫推薦。

いつも異国の空の下

石井好子 41132-3

パリを拠点にヨーロッパ各地、米国、革命前の狂騒のキューバまで——戦後の占領下に日本を飛び出し、契約書一枚で「世界を三周」、歌い歩いた八年間の移動と闘いの日々の記録。

バタをひとさじ、玉子を3コ

石井好子 41295-5

よく食べよう、よく生きよう——元祖料理エッセイ『巴里の空の下オムレツのにおいは流れる』著者の単行本未収録作を中心とした食エッセイ集。50年代パリ仕込みのエレガンス溢れる、食いしん坊必読の一冊。

人生はこよなく美しく

石井好子 41440-9

人生で出会った様々な人に訊く、料理のこと、お洒落のこと、生き方について。いくつになっても学び、それを自身に生かす。真に美しくあるためのエッセンス。

いつも夢をみていた

石井好子 41764-6

没後10年。華やかなステージや、あたたかな料理エッセイ——しかしその背後には、大変な苦労と悲しみがあった。秘めた恋、多忙な仕事、愛する人の死。現代の女性を勇気づける自叙伝。解説＝川上弘美

著訳者名の後の数字はISBNコードです。頭に「978-4-309」を付け、お近くの書店にてご注文下さい。